Sylvia Schneider

WARUM MACHT DER KARPFEN BLAU?

Sylvia Schneider

WARUM MACHT DER KARPFEN BLAU?

177 Tatsachen und Irrtümer rund um Küche, Tisch und Teller

KOSMOS

INHALT

GERÜCHTE ÜBER GERICHTE **9**

Was man nicht weiß, was man wissen sollte: Wem stellt der Landjäger nach? Warum verstecken Mönche etwas in einer Maultasche? Und: Wer kocht in Teufels Küche?

FLEISCH UND GEFLÜGEL **27**

Hier geht es um die Wurst: Warum ist die gute Pute ein armes Schwein? Was treibt das Wild in der Beize? Und: Warum scheuen Weißwürste den Highnoon?

OBST UND GEMÜSE **40**

Knackig und gesund, farbig und rund: Warum mag Grapefruit Ihre Pillen nicht? Wieso schmeckt Rhabarber stumpf am Zahn? Und: Wo rohe Kräfte sinnlos walten ...

MILCH, KÄSE UND EIER **60**

Finden Sie das Ei des Kolumbus: Wie kommen die Löcher in den Käse? Warum ist gekochte Milch für Viele ein Gräuel? Kennen Sie das Geheimnis des Buttrigen? Und: Was macht den Eischnee fest?

FISCH UND MEERESFRÜCHTE **72**

Fischen Sie nicht im Trüben: Warum macht der Karpfen blau? Wie trafen Bismarck und der Hering zusammen? Schämt sich der Hummer beim Kochen? Und: Wann ist die Aalsuppe wirklich echt?

GEWÜRZE **78**

Salz in der Suppe, Gewürze des Lebens: Warum macht Safran den Kuchen gehl? Welche Attacke reitet Glutamat gegen Ihre Pfunde? Ist Meersalz mehr als Salz? Und: Wie lautet das definitiv vorletzte Wort über Zimt?

SÜSSE VERFÜHRUNGEN **87**

Dem Süßen auf den Zahn gefühlt: Warum macht der zarte Schmelz von Schokolade so glücklich? Macht Zucker dick und dumm? Woher weht der Spanische Wind? Und: Was steckt wirklich in Glückskeksen?

WEIN, WASSER UND ANDERE GETRÄNKE **94**

Es gibt mehr alte Winzer, als alte Ärzte: Sollten Sie Ihrem IQ zuliebe Wein trinken? Wie genießbar ist „Bliemschengaffee"? Wie kommen die Sterne in den Champagner? Und: Was passiert, wenn Hopfen und Malz verloren sind?

KOCHEN UND BACKEN *94*

Chemie ist alles: Warum muss das Mehl schwitzen? Wohin geht der Hefeteig? Wie gefährlich ist der schnelle Brüter? Warum kokeln echte Kerle? Und: Fehlt dem Mürbeteig der Durchblick?

GESCHMACK UND INHALT **123**

Alles Geschmackssache: Warum ist guter Geschmack heute meist nur geklaut? Wozu brauchen Sie Ihre Nase beim Schmecken? Was gibt Ihnen Designer-Food? Und: Das Mundgeruch-Trauma von Scarlett O'Hara ...

TRENDS **140**

Ertragreiches Sendungsbewusstsein: Wird wirklich alles immer schlechter? Fördern Kochshows die Kochlust? Warum entpuppen sich Light-Genüsse als leidvoll? Und: Können Moleküle sinnlich sein?

SERVICE **156**

Sie wollen noch mehr wissen und genießen? Hier finden Sie Buchtipps zum Weiterlesen, Quellenangaben und ein ausführliches Register.

VON DER LUST DER SCHLAMPAMPEN UND SCHLARAFFEN

Liebe Leserinnen, liebe Leser,
liebe Genießerinnen, liebe Genießer,

kürzlich las ich eine Geschichte über jemanden, der als Kind „Schlaraffe" werden wollte. Ich gestehe Ihnen, dass ich neidisch wurde. Warum bin ich nie auf diesen „Berufswunsch" gekommen? Denn Schlaraffin zu sein, das stellte ich mir ganz wunderbar vor. Ganz ähnlich wie eine Luxusschlampampe einfach im Leben zu schwelgen ... So machte ich mich auf den Weg, das Schlaraffenland zu erkunden.

Warum heißt das Schlaraffenland Schlaraffenland? Nun, zunächst weil dort faule Menschen – slur-affen – wohnten, die nur eines im Sinn hatten: Möglichst ohne großen Aufwand möglichst fein leben. Ein Schelm, wer jetzt dabei an manchen Zeitgenossen denkt. Das Schlaraffenland ist, so lernte ich, nichts mehr als eine schöne Idee des Menschen, ganz offenbar sogar eine überaus zeitlose – nicht mehr, aber auch nicht weniger. Doch als Reiseziel des Lebens scheint es nicht direkt zu taugen.

Schon tauchten neue Fragen auf: Warum macht der Karpfen blau? Warum kochen alle Menschen mit Wasser? Warum lassen wir manche wie eine heiße Kartoffel fallen? Welches Geheimnis verrät uns die Schnapszahl? Wer bestimmt, wann wir satt sind? Was bringen uns Küchentrends und Kochmarotten? Warum macht der regelmäßige Genuss von Wein dem Gehirn alle Ehre? Hilft es wirklich, jeden Tag einen Apfel zu essen? Und wann sind Hopfen und Malz endgültig verloren?

Auch Namen sind nicht Schall und Rauch: Was ist ein Bäckerofen? Was bedeutet der Begriff Pumpernickel? Wer hat den Gin Tonic erfunden? Wem verdankt die Brezel ihren Namen? Warum heißt der Berliner Berliner – außer in Berlin? Warum ist der Saumagen Opfer seines Namens geworden? Sind „blaue Zipfel" etwa das, wonach sie sich anhören?

Das Wissen um eigentlich alltägliche Dinge gerät angesichts der Hektik und des Zeitmangels unserer Tage häufig in Vergessenheit. Das ist einerseits schade, weil es nicht nur amüsant ist, sondern Ihnen in vielen Fällen den Alltag erleichtern kann. Spannend ist andererseits aber auch, was einige kochende Wissenschafter uns neuerdings über ihr Koch- und Küchenwissen berichten. Deren Erkenntnisse über Details und Zusammenhänge sind spannend wie Krimis und können Sie frei und unabhängig machen. Chemie und Physik geben Ihnen Aufschluss darüber, warum Eier beim Kochen hart werden, warum Sie Sahne steif schlagen können oder warum gutes Rindfleisch abhängen muss, damit es so richtig gut schmeckt. Denn darum geht es schließlich: Schmecken muss es!

Über Geschmack lässt sich bekanntlich nicht streiten, weil „die Geschmäcker" – eben – verschieden sind und alle „irgendwie" recht sind beziehungsweise haben. Dennoch können wir mit Leidenschaft darüber disputieren – sofern wir unser eigenes Geschmackspotenzial nutzen und immer weiterbilden. Denn Geschmack ist etwas, was wir zumindest im Ansatz lernen können. Nämlich, dass wir etwas unterscheiden lernen, das Gute vom Schlechten zu trennen, das Schöne vom Hässlichen zu unterscheiden wissen.

Dazu gehört Erfahrung, Übung und Neugier. Ein gutes Beispiel dafür ist der Umgang mit Wein. Sie werden ihn niemals begreifen, wenn Sie ihn nicht immer wieder kosten, erschnuppern, anschauen, schütteln und erspüren. Erst aus der Vielfältigkeit der Geschmacksnoten, der Düfte, der Charaktere, der Lagen und, und, und formt sich das Bild von der Schönheit eines guten Tropfens. Ähnlich – wenn auch scheinbar auf völlig anderer Ebene – sah es Einstein. Eine Formel, die für ihn nicht schön aussah, konnte nicht stimmig sein. Umgekehrt: Eine Formel, die nicht stimmt, sieht nicht rund aus. Auch in dieser Hinsicht ist das Ganze mehr als die Summe seiner Teile.

Wie wir mit Essen und Trinken umgehen ist nicht nur überlebenswichtig, sondern heute auch ein wesentlicher Teil unseres Lebensausdrucks. Wir können damit Genussfreude und Sinnlichkeit zeigen, den Alltag vom Feiertag trennen, unsere Freundschaft und unser Wohlwollen unter Beweis stellen, mit seiner Hilfe nähren, aufmuntern und trösten, Wärme spenden, Aufmerksamkeit zollen, Bekanntschaften schließen, Respekt bekunden und Bildung, Prestige und Wohlhabenheit unter Beweis stellen. Selbst unsere moralische Haltung gegenüber wesentlichen Punkten des Lebens findet hier Platz: Was etwa bringt uns Design Food? Welche Einstellung haben wir zum Tier als Teil der Nahrungskette? Wie wichtig ist uns Naturschutz bei der Nahrungserzeugung?

Geschmack zu haben und mehr noch: zu demonstrieren, gilt heute vielen dennoch als dekadent. Wer Geschmack hat, unterscheidet sich ja auch von jenen, die keinen haben (wollen). Vor allem vor dem Hintergrund der anderen ist es interessant, Geschmack zu haben und zu zeigen – ein in den Zeiten der ebenso unablässigen wie überflüssigen Neid-Debatten ein immer wieder gern aufgenommener Stein des Anstoßes. Doch glücklicherweise sind die Zeiten vorbei, in denen Menschen, die gern und fein schmecken, als die größten Spießer auf Gottes Erdboden galten. Nicht nur Liebe, auch Erziehung geht durch den Magen.

Für mich beweist sich Geschmack nicht nur im Bewahren traditioneller Wertigkeiten, sondern auch an der Lust am Neuen und Andersartigen, überprüft sich dabei immer wieder selbst. Hier dürfen wir uns unbeschwert mit Dingen befassen, ja sogar verführen und fesseln lassen, selbst wenn sie nicht in unser Lebenskonzept passen und wir sie nicht wirklich zum Leben brauchen. Alles gehört immer mal wieder auf die Probe gestellt, damit wir es uns nicht zu lange in Vorurteilen und allzu engen Weltbildern piefig gemütlich machen. Das ist – verglichen mit anderen Zeiten – neben dem überbordenden Angeboten an Nahrungsmitteln und Ernährungsstilen der Luxus unserer Tage.

Das Schlaraffenland gibt es leider nicht wirklich. Und wenn, dann müssen oder können wir es uns selbst erschaffen – also aktiv erarbeiten. Auf diesem Weg soll Ihnen dieses Buch mit seiner geballten Wissens- und Lust-Ladung ein ansehnliches Stück weiterhelfen.

Doch kosten Sie selbst!

Sylvia Schneider

GERÜCHTE ÜBER GERICHTE

ICH BIN EIN BERLINER

So sprach der große John F. Kennedy zu den Einwohnern der geteilten Stadt, als er diese 1962 besuchte. Natürlich meinte er damit nicht den süßen Berliner, den in Berlin ohnehin keiner so nennt. Überall heißen die apfelgroßen Fasnachtskrapfen, die mit Marmelade gefüllt und in heißem Fett gebacken werden, „Berliner“ – nur in der Namen gebenden Stadt sind sie schlicht „Pfannkuchen“. Sie sollen dereinst von einem Berliner Bäckergesellen erfunden worden sein, der nicht felddiensttauglich war und seine Kameraden als Regimentsbäcker mit diesem Hefegebäck in Form von Kanonenkugeln verwöhnte. Heute wird es besonders gerne zur Zeit des Faschings oder Karnevals gebacken. Im Süddeutschen heißt der Berliner Krapfen oder Schmalzküchle, im Hessischen Kräppel, im Rheinland Össelkes, im Badischen und Schwäbischen Fasnetküchle und im Pfälzischen Fasnachtskiechelcher.

Am besten schmecken Berliner mit einer Füllung aus Pflaumenmus. Es sollte am besten mit eingebacken und nicht nachträglich hineingespritzt worden sein. Schon weil letztere Füllung die unerfreuliche Angewohnheit hat, beim Hineinbeißen in den Krapfen herauszuquellen sowie dann Finger und Kleidung auf das Übelste zu verkleben. Ganz pfiffige Zeitgenossen mogeln unter die Berliner, die sie ihren Freunden kredenzen, einen mit Senf gefüllten. Auch der macht Flecken ins Hemd, klebt aber weniger ...

DIE ALLERLETZTE WÄRME DES BÄCKEROFENS

... war früher für salzige Blechkuchen wie Wähen und Flammküchle reserviert. Außerdem wanderten Eintöpfe in die letzte Glut der Öfen, um dort für einige Stunden vor sich hin zu schmoren.

Sie wurden zu Hause fertig gemacht, dann zum Bäcker gebracht und nach Stunden wieder abgeholt. Einer der bekanntesten Eintöpfe dieser Art ist der Bäckerofen oder auf elsässisch auch „Baeckaoffa".

Es gibt das alte alemannische Gericht in der elsässischen, saarländischen, pfälzischen und badischen Küche. Immer gehören mehrere Sorten Fleisch hinein, Kartoffeln und Weißwein. Die Saarländer geben viel Schnittlauch auf das fertige Gericht. Die Badener packen statt eines normalen Deckels einen Deckel aus Brotteig oben drauf – das war meist ein Rest vom selbst gebackenen Brot. Nach dem Brotbacken wurde der Bäckerofen in die Resthitze desselben geschoben. Der Wein, in dem über Nacht das Fleisch mariniert wird, gehört dann herkömmlicherweise auch zum Essen auf den Tisch. Zum elsässischen Baeckaoffa gehören außerdem die speziellen irdenen Terrinenformen aus Soufflenheim wie ... eben! ... der Topf zum Deckel.

BAECKAOFFA ODER: DER ERSTE TAKE-AWAY-SERVICE

Der von mir ebenso wie seine ganze Familie hochverehrte Drei-Sterne-Koch Marc Haeberlin aus Illhauesern erzählt die Geschichte des elsässischen Baeckaoffa ein wenig anders:

„Der Baeckaoffa, ein Eintopf aus dreierlei Fleisch, der mehrere Stunden mit Weißwein und Kartoffeln schmoren muss, war das traditionelle Essen für den Montag, den Waschtag. Jede Hausfrau brachte die mit ihren Initialen versehene Terrine morgens um halb acht zum Bäcker. Nachdem dieser die letzten Brote aus dem heißen Ofen genommen hatte, stellte er die Terrinen hinein, die dort nun ungefähr vier Stunden zu schmoren hatten. Nachdem die Wäsche fertig war, holten die Hausfrauen ihre Terrinen wieder ab. Auf diese Weise hatten sie, ohne es zu ahnen, den ersten ‚Take-away-Service' erfunden."

Haeberlin selbst bietet seinen Gästen die erschlankte Variante an – mit weniger Fleisch und dafür reichlich Trüffeln.

VON BLAUEN ZIPFELN UND BUBENSPITZLE

Blaue Zipfel sind nicht das, was Sie vielleicht denken. Dieses Gericht stammt aus Franken und besteht aus in saurem Sud gar gezogenen Nürnberger Rostbratwürstchen. Diese laufen im Essigwasser blau an, was ihnen den Namen „blaue Zipfel“ eingetragen hat. Lästermäuler behaupten allerdings, der Name sei eher auf die Nürnberger zurückzuführen, weil diese nach durchzechter Nacht versuchen, sich „noch blau“ mit den sauren Zipfeln wieder auf die Beine zu bringen. Das allerdings ginge dann auch wieder nicht ohne größere Mengen Bier und Wein zum Herunterspülen vonstatten.

Bubenspitzle – süddeutsche Nudelspezialität, auch als Schupfnudeln bekannt – haben ihren Namen hingegen schon dem zu verdanken, wonach sie klingen: Aus dem Pfälzischen ist der Ausruf bekannt „Guck emol dem Briderle sei Spitzel!“. Daraus wurde mundartlich „Buwwespitzel“ und in der Mehrzahl „Buwwespitzelcher“ und ein Beweis der bekannten pfälzischen Deutlichkeit, um nicht zu sagen Derbheit. Serviert werden die kleinen Spitzen der Nudelkunst dort mit grünem Salat und natürlich reichlich Pfälzer Wein.

EIN KASSELER AUS BERLIN

Kasseler kommt nicht zwangsläufig aus Kassel, selbst wenn es sich so anhört. Als Kasseler Kotelett oder Kasseler Rippenspeer bezeichnet man das zuerst gepökelte und dann geräucherte Fleisch vom Schwein. Meist wird dazu Schweinerippe, -kamm oder -bauch verwendet. Erstmals hat der Berliner Fleischermeister Cassel dieses Gericht zubereitet – daher also der Name.

Beim Pökeln wird dem Fleisch durch das Einlegen in Salzlake Wasser entzogen, wodurch es länger haltbar bleibt. Die Pökeltechnik machte man sich schon früher in der Seefahrt zunutze, um

Fleisch für lange Fahrten zu konservieren. Gepökeltes Fleisch ist deshalb auch ein Bestandteil des Seemannsgerichts Labskaus, dessen Bezeichnung aus dem Englischen stammt (lob's course bedeutet soviel wie „Mahlzeit für Kerle") .

RUMFORD – ALLES, WAS RUMLIEGT UND FORT MUSS

Reichsgraf Benjamin Thompson Graf von Rumford gilt als der Vater des Eintopfes. Denn er – eigentlich Amerikaner, doch seinerzeit Polizei- und Kriegsminister, Staatsrat und General im Dienst seiner Kurfürstlichen Hoheit Karl Theodor von Bayern – rief im ausgehenden 18. Jahrhundert die Armenspeisung ins Leben. Die Rumfordische Suppe wurde aus Gerstengraupen, Erbsen, Kartoffeln, Weizenbrot, Salz, Wasser und Weinessig oder Bier, bei dem Hopfen und Malz verloren war, gekocht. Sie war wohl „zweckmäßig", weil nahrhaft und sättigend. Zudem preiswert: Zwei Pfennig soll der Teller Suppe in der Herstellung gekostet haben. Später gab man auch noch ein paar Knochen und Innereien dazu, so dass sie noch gehaltvoller wurde.

Seit 1803 wurden in Deutschland Sammelstellen für Knochen eingerichtet, damit man daraus Armensuppen kochen konnte. Was anfänglich als Suppe auf dem Feuer anfing, endete oft nach Stunden als völlig zusammengepappter Eintopf. Die Massenspeisungen machten schnell Schule. In vielen Städten entstanden Suppenküchen für die Armen. Die Idee der Rumford-Suppe fand auch im Ausland Anhänger. Feinschmecker rümpften natürlich angesichts der doch sehr frugalen Rezeptur die Nase.

Darüber hinaus machte sich der studierte Physiker Rumford kulinarisch auch anderweitig einen Namen: Er entwickelte einen Kaminofen, der nicht qualmte und die Hitze direkt ins Zimmer abstrahlte, sowie einen Herd, der über eine indirekt beheizbare Backröhre verfügte. Vor allem aber mehrte er den Ruhm der Kartoffel. Denn auf seinen Befehl hin mussten die bayrischen Soldaten Kartoffelfelder zur Selbstversorgung anlegen. Sie nahmen die

Feldfrüchte mit nach Hause, legten private Kartoffelgärten an und brachten die nahrhaften Knollen so unter das Volk.

Den Münchnern hinterließ Rumford, als er von Deutschland fortging, ein anderes heiß geliebtes Erbe: den englischen Garten.

BACKPULVER – EINE ERFOLGSSTORY, DIE AUFGEHT

Dr. August Oetker (1862–1918) entwickelte weiter, was Justus von Liebig begonnen hatte: das Backpulver. Der Chemiker Liebig ist der Vater des Brühwürfels. Er erfand den in Wasser löslichen Fleischextrakt und schuf sich damit seinen Platz unter den Helden der Alltagsköchinnen. Er entdeckte aber auch den Nutzen des Vollkornmehls, erfand das Backpulver und revolutionierte die Düngung der Felder und Gärten.

Im Jahr 1891 brachte Dr. Oetker sein aus diesen Vorgaben weiterentwickeltes Backpulver „Backin“ auf den Markt, das noch heute so heißt. Wie das Pulver einen Kuchen auftrieb, so legte es auch den Grundstein für ein stetig wachsendes Familienimperium. Immer neue Produkte kamen auf den Markt, viele von ihnen wurden Verkaufsschlager, wie etwa das Dr. Oetker Puddingpulver. Legendär sind auch die Dr. Oetker-Kochbücher, die Generationen von angehenden und erfahrenen Hausfrauen begleitet haben. Bis heute stehen sie auf den Bestseller-Listen.

GAISBURGER MARSCH: EIN SCHRITT VOR, ZWEI ZURÜCK

Der Gaisburger Marsch ist ein herzhaftes Nationalgericht der Schwaben, ähnlich dem Pichelsteiner Eintopf. Er verdankt seinem Namen dem Militär. Des Kaisers Offiziere, die sich nicht an der Gemeinschaftsverpflegung beteiligen mussten, durften im

Gegensatz zu ihren rangniederen Kameraden essen gehen. In der Stuttgarter Bergkaserne galt eine Restauration in Gaisburg als Geheimtipp, in der es einen Eintopf mit einer kräftigen Brühe gab. Der Gang ins Wirtshaus wurde militärisch geordnet als Gaisburger Marsch absolviert. Zumindest auf dem Hinweg, denn sicher wurde beim Speisen auch das eine oder andere Viertele guten Württembergers „geschlotzt", was den geordneten Rückzug etwas erschwert haben dürfte.

DES SAARLÄNDERS WÜRZIGES LEBENSELIXIER

Böse Zungen behaupten, der Saarländer könne nicht und nichts ohne Maggi-Würze essen. Tatsache ist aber, dass sie dort im schönen Saarland in ihrer typischen Flasche fast jeden Gasthaus-Tisch ziert. Die rein pflanzliche Suppen- und Saucenwürze wurde vom Schweizer Julius Maggi (sprich: Maddschi) erfunden. Sie sollte geschmacklich eine echte Fleischbrühe ersetzen und entsteht im Wesentlichen durch Gären von Getreide- und Hülsenfruchtschalen und täuscht dem Gaumen einen fleischigen Geschmack vor. Die Sauce ist sehr würzig und schmeckt deutlich nach Liebstöckel. Dieser Umstand hat dem Küchenkraut auch den Namen Maggikraut eingebracht. Nicht umgekehrt:

VERY BRITISH

Eine ähnliche Würzsauce ist die englische Worcestersauce („Wusster" ausgesprochen). Sie wird aus Essig, Soja, Wein, Melasse, Anchovis, Pfeffer, Chili, Zwiebeln, Knoblauch, Ingwer, Tamarindenpulver und anderen geheimen Zutaten gemischt. Die Urwürze reift einige Jahre in Eichenfässern. Das etwa 150 Jahre alte Rezept soll der Legende nach von einem bengalischen Ex-Gouverneur zwei englischen Apothekern überantwortet worden sein – den Herren Lea und Perrins, deren Namen noch heute auf jeder Flasche zu lesen sind. Andere Würzsaucen mit ähnlichen Geheimrezepten sind der Angostura bitter und der Tabasco.

In der Maggisauce ist kein Quentchen Maggikraut oder Liebstöckel enthalten. Heute ist die deutsche Maggi GmbH im Besitz der Firma Nestlé. Maggiwürze hat indes nichts von ihrer Beliebtheit verloren ... zumal nicht im Saarland.

NASSAU: KULTSTÄTTE DER SCHMAROTZER

Heute nennt man sie auch gerne Freibiergesichter – Menschen, die überall dort zu finden sind, wo es etwas umsonst gibt und sie sich durchnassauern können. Dabei waren die Nassauer eigentlich einst die Leidtragenden: In Ermangelung einer eigenen Universität wurden Studenten aus dem Herzogtum Nassau ins 300 Kilometer entfernte Göttingen geschickt.

Um ihnen diesen Umstand schmackhaft zu machen, wurden sie auf Geheiß ihres Herzogs am Universitätsort in einer Göttinger Gaststätte umsonst bewirtet. Nun kamen aber nicht immer alle Nassauer Studenten zum Essen, wohl aber solche, die sich dafür ausgaben und sich an der kostenlosen Bewirtung gütlich taten. So kam es, dass man heute die im Prinzip unschuldigen Nassauer für Schmarotzer und Parasiten – ungebetene Mitesser und -trinker also – hält.

NUN BRAT MIR EINER EINEN STORCH

Heute unvorstellbar: Schwäne, Störche, Reiher, Pfauen und Kraniche kamen früher als Braten auf den Tisch. Doch seit „bekannt“ wurde, dass Störche Babys aus dem großen Teich des Lebens fischen und sie den Menschen als Nachwuchs bringen, wollten Adebar & Co. dem Volk nicht mehr recht schmecken. Man wandte sich ab mit Grausen und rief ebenso empört wie fassungslos: „Nun brat mir einer einen Storch!“ – „Und die Beine recht knusprig“, setzen Witzbolde später hinzu.

Der Schwan war einst gern gesehen auf den Tafeln des Adels. Er wurde ganz am Spieß gebraten oder als junges Fleisch in Pasteten gefüllt. Dafür erschlug man die wehrlosen Jungtiere während der Mauser in Brutteichen, aus denen sie – fast federlos – nicht flüchten konnten. Als der amerikanische Truthahn den europäischen Speiseplan eroberte, konnte der Schwan gewissermaßen aufatmen und lebt heute unbehelligt von Köchen, Gourmets und Gourmands.

PINKEL – EIN NATÜRLICHES BEDÜRFNIS?

Das Bremer Nationalgericht Kohl und Pinkel erfreut sich nach wie vor allergrößter Beliebtheit bei den Hanseaten und entspricht ganz sicher einem natürlichen Bedürfnis der Bremer. Die Pinkel-Kohl-Saison beginnt am Buß- und Bettag, wenn der Grünkohl den ersten Frost abbekommen hat und dadurch eine gewisse Süße entwickelt. Dann veranstalten Firmen, Vereine und Freundschaftskreise Kohl-und-Pinkel-Feste und -Fahrten. Dazu gehören traditionellerweise große Mengen Korn. Wer am meisten isst und trinkt, bekommt einen Orden, der ein Wanderpreis und sehr begehrt ist.

Die Pinkel-Wurst besteht aus Flomen, Zwiebeln, Hafergrütze und Gewürzen. Sie wurde früher im Naturdarm oder Leinenbeutel für eine Weile abgehängt. Das Fett tropfte heraus, und es sah ganz so aus, als würde die Wurst einem menschlichen Bedürfnis nachgehen. So ist Pinkel zu seinem Namen gekommen, sagt man. In Niedersachsen isst man zum Kohl Brägenwurst mit einem Anteil an Schweinehirn.

SAUMAGEN: EIN ARMES OPFER ÜBLER NACHREDE

So wie es eine Zeit lang üblich war, einen etwas aus der Form geratenen Bundeskanzler ungezogenerweise als „Birne“ zu titulieren, wurde im gleichen Atemzug seine Lieblingsspeise – der pfälzische Saumagen – verunglimpft. Bei den meisten Nichtpfälzern mit mangelndem Sachverstand ruft allein die Erwähnung des Wortes Saumagen ein tief empfundenes „Igitt“ hervor. Deshalb gehört der Saumagen in aller Form hier rehabilitiert. Es stecken nur die feinsten Zutaten darin: magerer Schweinenacken, Schinkenfleisch, Kartoffeln und viel Majoran. Gut zubereitet ist er eine Köstlichkeit. „Gipfel aller Schlachtgenüsse“ wird der Saumagen in alten Kochbüchern genannt. Moderne Köche haben aus dem traditionellen Saumagen feine Abwandlungen kreiert, die sich durchaus in der großen Küche sehen lassen können.

STUBENKÜKEN – DIE OFENBANK ENTLÄSST IHRE KINDER

Dieses köstliche Mahl wird auch Frühgeflügel genannt. Es ist eine Hamburger Spezialität und stammt zumeist aus den Vierlanden, der vorgelagerten und eingedeichten „Versorgungsquelle“ der Hansestadt. Die Marschländer fütterten einst ihre Hühner im Winter so gut, dass die wohlgenährten Tiere früher brüteten als ihre Artgenossen. Die frisch geschlüpften Küken waren aber nun sehr wärmebedürftig, und draußen war es noch unwirtlich. Da nahm man sie kurzerhand mit in die Küche oder die gute Stube und zog sie dort auf. Sie wohnten in der „Hühnerbank“ am Ofen und waren nach 5 bis 8 Wochen bei gutem Futter und wenig Bewegung zwar noch klein, aber sehr fleischig, zart und bis zu 500 Gramm schwer. Eine vortreffliche Delikatesse, die böse Gutmenschen-Zungen heute als Kindermord bezeichnen.

PUMPERNICKEL: EIN DONNERGROLLEN DES TEUFELS

Pumpernickel ist ein besonders schmackhaftes Brot aus Westfalen. Es handelt sich um ein schweres, besonders dunkles und würziges Brot ohne den Zusatz von Sirup, das mindestens 16 Stunden lang in Dampfkammern gebacken wird. Dabei entwickeln sich Röststoffe und Zuckerstoffe karamellisieren, die gepaart mit einer leicht sauren Note den typischen Geschmack ergeben. Nach diesem kann man, so die Fans des Pumpernickels, einfach süchtig werden.

Um den Namen ranken sich mehrere Entstehungsgeschichten. So soll das Brot von einem gewissen Nikolaus Pumper im 15. Jahrhundert entwickelt worden sein. Andererseits ist bekannt, dass der Genuss des Brotes bei manchen Menschen zum „Pumper" (Blähung, Furz) führt. In diesem Brot stecke folglich der Pumpernickel (Nickel = Dämon, Teufel, Geist). Aus dem Pfälzischen ist das Wort „Bumper-Hannes" für Donnergott bekannt.

Eine weitere Erklärung: Bei einer Hungersnot im 15. Jahrhundert soll ein Brot zur Armenspeisung gebacken worden sein, das bonum panicum (lat. für „gutes Brot") genannt wurde. Als Bumponickel sei dies erhalten geblieben. Auch die Franzosen beanspruchen eine Version der Namensgebung: Napoleons Pferd Nicole habe dieses Brot so gern gefressen, dass es den Namen pain pour Nicole erhielt, was dann später zu Pumpernickel eingedeutscht worden sei. Böse Zungen sagen hingegen, es habe den Franzosen gar nicht gemundet und sei deshalb in Nicoles Futterkrippe gelandet.

DEN HERRGOTT HINTERS LICHT GEFÜHRT

Bei Maultaschen handelt es sich weder um die Handtaschen übellauniger Damen noch um eine liebevolle Umschreibung mauliger Katzen. Die Maultasche ist eine gefüllte Teigtasche und wurde der

Überlieferung nach im Kloster von Maulbronn erfunden. Während des Dreißigjährigen Krieges kamen die Zisterziensermönche des Klosters in den Besitz eines großen Stücks Fleisch. Doch – leider Gottes – war gerade Fastenzeit. Der Hunger war groß, und Not macht ja bekanntlich erfinderisch. Die Mönche hackten das Fleisch klein, ernteten im Garten allerlei Grünzeug und vermischten beides miteinander. In dem Wissen, dass Gott der Allmächtige alles sieht, versteckten sie das gekräuterte Fleisch in einem Teigmäntelchen.

Woher man das weiß? Die Maultasche wird auch „Herrgottsbscheißerle“ genannt. Heute ist sie das Nationalgericht der Schwaben und in der Brühe beziehungsweise geschmälzt besonders beliebt. Noch immer ist die Maultasche das traditionelle „Herrgottsbscheißerle“ des Karfreitags, an dem ja eigentlich kein Fleisch gegessen werden darf. Aber anscheinend drückt der liebe Herrgott angesichts der schwäbischen Schwindelei auch weiterhin ein Auge zu.

Der echte Schwabe isst geschmälzte Maultaschen mit Kartoffel- und grünem Salat. Er gibt den Kartoffelsalat zu den Maultaschen in die Brühe, was andernorts als ungewöhnlich gilt.

WER SILBER ZU GOLD MACHT

... kommt sicher aus dem schleswig-holsteinischen Eckernförde an der Ostsee, denn von hier stammen die Kieler Sprotten, die eigentlich zu Unrecht zu diesem Namen kamen. Die in Kisten verpackten goldigen Tierchen wurden von Eckernförde kommend zunächst lediglich in Kiel umgeschlagen, was die Kieler dazu brachte, sich die Urheberschaft an der Sprotte einzuverleiben. Das berichten zumindest die Eckernförder, die das Geheimnis, durch eine spezielle Räucherung aus Silber Gold machen zu können, für sich beanspruchen. Mit einer Zucker-Salz-Gewürzmischung wird der kleine Hering geräuchert und zu einer Halbkonserve gemacht, die heute von hier aus in alle Welt versandt wird.

Mittlerweile haben sich beide Seiten arrangiert: Die goldenen Fischlein in der typischen Holzkiste kommen noch immer aus Eckernförde – heißen aber trotzdem noch immer Kieler Sprotten.

CURRYWURST IN ALLEN LEBENSLAGEN

Die Currywurst wurde wie so viele andere schlichte Genüsse in Berlin erfunden. Die Imbissbudenbesitzerin Herta Heuwer entwickelte die beliebte appetitanregende und würzige Wurstsauce in einer ruhigen Stunde aus Bordmitteln wie Tomatenmark und diversen Gewürzen. Längst ist sie bundesweit aus keiner Imbissbude wegzudenken.

ODE AN DIE CURRY-WURST

Gehsse inne Stadt
Wat macht dich da satt?
'ne Currywurst

Kommsse vonne Schicht
Wat schönret gibt es nicht
Als wie Currywurst

(…)

Rutscht dat Ding dir aus
Gehsse dann nach Haus
Voll Currywurst

Auf'm Hemd, auffer Jacke
Ker, wat is dat ne K …
Alles voll Currywurst

Herbert Grönemeyer, „Currywurst“

UND WELCHES VERHÄLTNIS HABEN SIE ZUR BRATKARTOFFEL?

Bratkartoffeln sind in allen deutschen Landen als sogenannte Hausmannskost höchst beliebt. Mit Speck und Zwiebeln gebraten kann die Erdknolle eine deftige Delikatesse sein. Bratkartoffeln werden aus rohen oder Pellkartoffeln hergestellt, manchmal auch aus Salzkartoffeln – dies aber nur der Not gehorchend, wenn welche übrig geblieben sind, die man noch verbrauchen möchte. Als besonders delikat gelten sie, wenn sie nur in Butter gebraten werden.

Der mit diesem Gericht verbundene Begriff Bratkartoffelverhältnis ist einerseits ein Beweis dafür, dass Liebe durch den Magen geht, und andererseits dafür, dass Not erfinderisch macht. Er gilt als ein Relikt aus dem Ersten Weltkrieg beziehungsweise den Nachkriegszeiten des Zweiten Weltkrieges. Viele Frauen saßen allein zu Haus, während der Mann im Feld, in Kriegsgefangenschaft oder gefallen war. Daheimgebliebene Männer und heimkehrende Soldaten, die allerdings nicht die Ehemänner waren, wurden gern verköstigt mit dem, was „frau" eben hatte: Bratkartoffeln und Liebe.

Man munkelt, manch einem Mann sei es in diesen kargen Zeiten vor allem um eine warme Mahlzeit und weniger um einen warmen Platz im Bett gegangen. Aus dem Bratkartoffelverhältnis wurde dann gelegentlich eine „Onkelehe". Das Paar verzichtete auf das Heiraten, um die Witwenrente nicht aufs Spiel zu setzen. Bratkartoffelverhältnisse werden häufig auch notorischen Junggesellen, Fernfahrern und Seemännern nachgesagt.

BREZEN – EIN HIMMLISCHER GENUSS

Sie erinnern sich wahrscheinlich noch: US-Präsident George W. Bush verschluckte sich bei seinem ersten Besuch in Deutschland an diesem deutschen Kulturgut und daraufhin schwanden ihm kurzzeitig die Sinne. Ob das ein Wink des Himmels war? Der Name Brezen oder Brezel geht nämlich zurück auf das lateinische „bracchium“ und steht für ein Gebäck „in Form von zum Gebet verschlungenen Armen“.

Ihren Stammsitz hat die Brezel bei den gottgefälligen Bayern. Erfunden worden sein soll sie allerdings im ebenfalls gottergebenen Italien, wo sie folglich „bracciatello“ hieß. Ein Mönch buk als Erster die verschlungenen Ärmchen betender Kinder und schenkte sie seinen Schülern. Zu jener Zeit war die Brezel noch ein süßes Gebäck. Die salzige Variante entstand in Bayern durch ein Versehen, sagt man. Ein unachtsamer Bäckerlehrling hatte schlicht die Zuckerlösung zum Bestreichen mit der Natronlauge verwechselt, die zum Reinigen der Bleche verwendet wurde. Nun bedurfte es nur noch einiger grober Salzkörnchen, um daraus die beliebte Laugenbrezel zu machen, bei deren Genuss sich jeder Bayer wie im Himmel fühlt. Dazu mundet selbst dem Gottesfürchtigsten eine ordentliche Maß.

EEN BESCHER MEHL

Die Béchamelsauce hat nicht unbedingt einen guten Ruf. Man legt ihr wegen ihrer Zutaten Mehl und Fett Herztote und Übergewichtige zur Last. Außerdem gerät sie Ungeübten nicht selten zum Kleister. Dennoch ist sie eine gute und brauchbare Grundsauce, die in der Küche gebraucht wird und – gut zubereitet – auch kein Grund zur Verweigerung ist.

Zu ihrer Herkunft gibt es unterschiedliche Versionen. Eine davon geht darauf zurück, dass sie auf Louis de Béchamel zurückzuführen sei, dem Haushofmeister von Ludwig XIV. Böse Zungen behaupten jedoch, dass Béchamel vom Kochen überhaupt nichts verstand und sich mit fremden Federn schmückte. Das Rezept habe ein ganz normaler Koch des Sonnenkönigs entwickelt. Andere glauben, die Rezeptur stamme aus Italien, wo sie bereits im Mittelalter als „Balsamella“ bekannt geworden sei. Eine dritte Variante bietet Gourmet-Autor Udo Pini an: Für den Namen sei der rheinische Koch Joachim Becher verantwortlich. Seinen Saucen gönnte er stets einen „Bescher“ Mehl extra, weswegen sie ihm wohl auch meist zu einer kleisterartigen Pampe gerieten.

VON LANDJÄGERN UND FELDKIEKERN

Es gibt Gegenden in Deutschland, da lieben die Menschen Landjäger. Das sind in diesem Fall keine Staatsdiener, die sündige Menschen jagen, oder gar Feldjäger, die abtrünnige Soldaten aufspüren. Es handelt sich dabei um so eine Art Vorläufer von BiFi, der Minisalami, die laut Werbung immer „mit muss“. Und wie diese müssen auch die Landjäger zum Beispiel in Baden-Württemberg mit, wenn es nach draußen geht – sei es auf das Feld, in den Weinberg oder auf eine zünftige Wanderung.

Die flachgepresste, hartgetrocknete, geräucherte, gepfefferte und gekümmelte Rohwurst aus Rind- und Schweinefleisch schmeckt besonders würzig. Sie zeichnet sich durch eine gute Haltbarkeit aus und lässt sich problemlos als Wegzehrung mitnehmen, da sie außen sehr trocken ist und nicht schmiert. Der Name soll auf Polizeibedienstete und Gendarmen zurückgehen, die sie ebenfalls als Vorrat für einen Imbiss mit sich führten.

Eine andere leckere Wurstspezialität ist der Feldkieker. Der stammt aus dem katholischen Zipfel Eichsfeld im protestantischen Thüringen und heißt so, weil er von den Bauern als Frühstück mit aufs Feld genommen wurde. Der Feldkieker wird aus besonders edlen Teilen vom Schwein gemacht – nämlich aus den Kotelettsträngen und Filets. Die Zutaten werden gebrüht, gehackt, speziell gewürzt und landen dann per Hand in Schweinsblasen. Das Rezept soll nur von Druidenmund zu Druidenohr weitergereicht werden. Dann werden die Wurstkugeln mindestens zwölf Monate an der Luft getrocknet. Dabei verlieren sie ihre Feuchtigkeit, schrumpfen und werden richtig teuer. Heute mundet der edle Feldkieker vor allem den Menschen im Ruhrgebiet.

VON SCHLARAFFEN UND SCHLAMPAMPEN

Das Land, in dem Milch und Honig fließen und einem gebratene Tauben in den Mund fliegen, ist das Schlaraffenland. Hier herrscht Müßiggang, uneingeschränkte Genüsse sind an der Tagesordnung, und Zügellosigkeit gilt nicht als Laster. Viele Märchen – allen voran die grimmschen – berichten uns davon, dass in diesem Land der Glückseligen das berühmte Tischleindeckdich steht, alles nur Denkbare auf Bäumen wächst und einem ohne Not in den Schoß fällt, in den Bächen fließt außer Milch und Honig noch edler Wein, gebratenes Gemüse fliegt einem auf Pfiff in den Mund. Nichtstun wird belohnt, Fleiß bestraft. Dieses Schlaraffenland liegt, wie der Meistersinger und Dramatiker Hans Sachs (1494–1576) fabuliert hat, drei Meilen hinter Weihnachten, ganz nahe dem Paradies:

„Eine Gegend heißt Schlaraffenland,
den faulen Leuten wohlbekannt.
Das liegt drei Meilen hinter Weihnachten."

Allerdings muss man sich in die „Schlaraffei" durchkämpfen und – so im Märchen – zunächst einige Abenteuer und Prüfungen überstehen. Auch in den anderen europäischen Ländern ist so ein vergnüglicher Ort bekannt.

Allerdings hatte das Schlaraffenland vorher bei uns eine weniger schmeichelhafte Bedeutung: Es stand für „Slur-affen", ein Land, in dem sich schlaffe und affige Menschen aufhalten. Ein Schlaraffe war in diesem abwertenden Verständnis ein höchst unvernünftiger und zumeist fauler Mensch.

Seit dem 16. Jahrhundert ist das Wort schlampampen für genussvolles Schmatzen bekannt. Eine Frau, die dies tat oder tut, ist ganz sicher eine Schlaraffin, die auch Schlampampe genannt zu werden verdient. Trinkt sie dazu Champagner in größeren Mengen, darf sie auch getrost Luxusschlampe genannt werden. Von „slampen" für schmatzen und schlürfen leitet sich letztlich auch das schöne Verb schlemmen ab – für besonders genussvoll und gut essen und trinken.

VOM SCHLARAFFENLAND

Komm, wir wollen uns begeben
Jetzt uns ins Schlaraffenland!
Seht, da ist ein lustig Leben,
Und das Trauern unbekannt.
Seht, da lässt sich billig zechen
Und umsonst recht lustig sein:
Milch und Honig fließt in Bächen,
Aus den Felsen quillt der Wein.
Alle Speisen gut geraten,
und das Finden fällt nicht schwer.
Gans' und Enten gehen gebraten
Überall im Land umher.
Mit dem Messer auf dem Rücken
Läuft gebraten jedes Schwein.
O wie ist es zum Entzücken!
Ei, wer möchte dort nicht sein!
Und von Kuchen, Butterwecken
Sind die Zweige voll und schwer;
Feigen wachsen in den Hecken,
Ananas im Busch umher.
Keiner darf sich mühen und bücken,
Alles stellt von selbst sich ein.
O wie ist es zum Entzücken!
Ei, wer möchte dort nicht sein!
Und die Straßen allerorten,
jeder Weg und jede Bahn
sind gebaut aus Zuckertorten
Und Bonbons und Marzipan.
Und von Brezeln sind die Brücken
Aufgeführt gar hübsch und fein.
O wie ist es zum Entzücken!
Ei, wer möchte dort nicht sein!
Ja, das mag ein schönes Leben
Und ein herrlich Ländchen sein!
Mancher hat sich hinbegeben,
Aber keiner kam hinein.
Ja, und habt ihr keine Flügel,
Nie gelangt ihr bis ans Tor,
Denn es liegt ein breiter Hügel
Ganz von Pflaumenmus davor.

Hoffmann von Fallersleben
(1798–1874)

WER KOCHT IN TEUFELS KÜCHE?

Diese Frage tauchte anlässlich einer RTL-Kochshow namens „Teufels Küche“ auf. In dieser kochten zweit- und drittrangige Stars und Möchtegern-Prominente unter der Anleitung des Hamburger Sterne-Kochs Christian Rach um die Wette, um es den Koch-Profis gleichzutun. Aber wer kocht nun wirklich in Teufels Küche? Weder des Teufels Großmutter noch des Teufels General, Christian Rach oder DJ Ötzi und Konsorten. Im Mittelalter glaubte man, dass der Teufel eine Küche habe, in der Zauberer und Hexen allerlei üble Tränke brauten. Diese Küche wurde auch Hexenküche genannt. Das scheint dem Teufel aber auch nicht immer geschmeckt zu haben, denn man weiß: In der Not „frisst der Teufel Fliegen“ beziehungsweise „schmeckt die Wurst auch ohne Brot“! Jedenfalls scheint Teufels Küche nicht unbedingt ein angenehmer Ort zu sein, denn man landet dort zur Strafe, wenn man sich anderweitig irgendwie in die Nesseln gesetzt hat.

FLEISCH UND GEFLÜGEL

WUNDERHEILER BEI ERKÄLTUNGEN UND LIEBESKUMMER

Wenn Ihnen die Nase tropft, der Hals brennt und der Kopf dröhnt, ist alles sinnvoll, was das Schwitzen fördert: Tee, Wickel, Bäder oder Essigstrümpfe. Im Bett, das Sie ruhig zwei, drei Tage hüten sollten, ist Wärme das oberste Gebot, damit Sie sich ordentlich ausschwitzen können. Dabei hilft Ihnen von innen auch wunderbar eine selbst gekochte Hühnerbrühe. Sie ist ein altbewährtes Hausmittel bei Erkältungskrankheiten, Fieberattacken und in Rekonvaleszenz-Zeiten.

Es konnte nachgewiesen werden, dass in Hühnerfleisch eine Substanz enthalten ist, die sich positiv auf Erkältungen und andere Atemwegsleiden auswirkt. Sie ähnelt dem gegen Bronchialsymptome (wirkt schleimlösend) eingesetzten Wirkstoff N-Acetylcystein, das ursprünglich aus Haut und Federn von Hühnern gewonnen wurde.

Hühnerbrühe ist zudem eine leichte Mahlzeit, die Sie in Krankheitsphasen nicht belastet. Damit sie aber richtig Power hat und ihre Heilwirkung entfalten kann, sollte sie frisch aus einem Bio-Huhn zubereitet sein. Da es natürlich nicht beson-

HEILENDES HUHN

Salzen Sie eine Hühnersuppe für einen Kranken ruhig kräftig, denn beim Schwitzen verliert man auch viel Salz. Geben Sie außerdem eine kleine Chilischote und eine fein gehackte Knoblauchzehe hinzu. Vielleicht noch etwas frisch gepressten oder ganz fein gehackten Ingwer sowie einige dünne Zitronenscheiben, mit gehackter Petersilie bestreuen und fertig ist Ihr Wunderheiler aus der Küche. Die Brühe sollte möglichst heiß getrunken werden. Danach dick eingemummelt ins Bett und ordentlich schwitzen.

ders erquicklich ist, sich mit Suppenkochen zu befassen, wenn Sie sich elend fühlen, ist es ratsam, immer etwas selbst gekochte Hühnersuppe auf Vorrat für solche Notfälle im Tiefkühler zu haben. Dem Vernehmen nach wärmt die Hühner-Heilsuppe auch ein liebesverletztes Herz und lässt es wieder genesen.

ERFINDERISCHE BERLINER

Die Berliner Fleischer waren eine recht innovative Zunft. Von ihnen stammen die Rezepte für Eisbein, falschen Hasen und Buletten, andernorts auch Frikadellen oder Klopse genannt. Auch Currywurst und Kasseler haben ihre Wurzeln in Berlin. Ein Berliner Kneipier erfand den Hackepeter, indem er fettes und mageres Schweinefleisch im Verhältnis eins zu drei durch den Fleischwolf drehte und dies seinen Gästen roh, herzhaft mit Salz und Pfeffer gewürzt und mit reichlich Zwiebeln bestreut servierte. Ein anderer kredenzte seinen Gästen erstmals eine Fleischwurst zum Bockbier als Bockwurst, später liebevoll „Bocki“ genannt.

Ein blütenweiße Schürze über einem Stuhl vor einem Schlachterladen aufgestellt gilt in Berlin übrigens als Symbol: Hier ist heute Schlachttag! Hereinspaziert und frische Wurst, Wellfleisch und Metzelsuppe gekauft!

SO EIN KÄSE: VON LEBER KEINE SPUR

Leberkäse ist seit dem 16. Jahrhundert bekannt und eines der liebsten bayerischen „Zwischendurch-Gerichte“, auch Schmankerln genannt. Der Name ist irreführend, denn der Leberkäse enthält weder Käse noch Leber. Seinen Namen hat er dem Umstand zu verdanken, dass er aussieht wie ein Laib Bauernkäse. Es sollten ähnlich wie im Pfälzer Saumagen nur feinste Zutaten in ihm stecken: Rind- und Schweinefleisch, Speck, Zwiebeln, Majoran und Muskat.

Sie können einen Leberkäse selbst zubereiten – zum Beispiel auch mit Kalbfleisch. Die durchgedrehte Fleischmasse wird im Backofen in einer Kastenform goldbraun gebacken. Nur: Dies tut in der Regel kein Bayer, er hat dafür den Metzger seines Vertrauens. Dieser verkauft seinen speziellen Leberkäs sofort an seine Stammkunden, wenn er aus dem Ofen kommt. Das ist zumeist morgens gegen 10 Uhr der Fall. Manch einer verspeist die noch warme Fleischspeise gleich aus dem Einwickelpapier. Andere servieren ihn daheim mit einem Spiegelei, Mayonnaise-Kartoffelsalat und einer zünftigen Maß Bier.

Synonym wird auch das Wort Fleischkäse verwendet, allerdings nur von „Saupreißen" – also jenen Wesen, die nördlich des Weißwurst-Äquators leben.

WAS MACHT DAS LAMM ZU OSTERN?

Ostern und Lamm gehören zusammen wie Schloss und Schlüssel. In vielen Ländern Europas – vor allem in den überwiegend katholischen – ist das Osterlamm das Festmahl der Feiertage. Nach Fastenzeit und Karfreitags-Prozession wird das frühlingszarte Lammfleisch besonders genossen.

Bei vielen Menschen hat das Osterlamm aber auch völlig unabhängig von ihrer Religionszugehörigkeit als Festtagsbraten eine lange Tradition. Hierbei mischen sich heidnische und christliche Rituale. In vorchristlicher Zeit opferten Menschen während des ersten Vollmondes nach Frühlingsanfang – unserer heutigen Osterzeit – ihren Göttern Lämmer. Da Lammfleisch schon damals sehr beliebt und man sparsam war, verspeiste man es einfach im Anschluss an die religiöse Zeremonie.

Vor 1.300 Jahren übernahmen die Christen diese Tradition zum Ende der Fastenzeit und begannen zu Ostern Lammfleisch zu essen. Damit sollten sich die Gläubigen zum Fest der Auferstehung an die Leiden Jesu – das Lamm Gottes – erinnern. Diese

Tradition hatte jedoch auch noch ganz praktische Gründe: Damals gab es kaum anderes Fleisch. Schafe waren neben Hunden die ersten Haustiere des Menschen. Sie lieferten nicht nur Fleisch, sondern auch Milch, Käse und Wolle. Darüber hinaus ist Lammfleisch sehr bekömmlich – das ist nach der langen Fastenphase ein wichtiger Aspekt.

Heute wird allerdings leider auch bei Schafen mit Hormonen nachgeholfen, damit die Lämmer rechtzeitig zu Ostern in der richtigen Größe auf Ihren Tisch kommen. Bevorzugen Sie deshalb lieber Lammfleisch aus natürlicher Schafhaltung – auch wenn das Lämmchen dann nicht pünktlich zu Ostern in Ihrem Bratentopf liegt.

WAS TREIBT DAS WILD IN DER BEIZE?

Zu früheren Zeiten sollte mit dem Beizen – dem Einlegen von Fleisch in Wein, Buttermilch oder Essig – der kräftige Verwesungsgeruch übertönt werden, der beim Abhängen von Fleisch in ungekühlten Räumen entsteht. Dieser „Hautgout" hat vor allem dem Wildbret den Ruf eingebracht, nicht wirklich genießbar zu sein. Denn kritischen Zungen schmeckte es nur nach verdorbenem Fleisch.

Die traditionelle Zubereitungsweise für Wild bestand darin, es zu beizen, kräftig zu würzen und zu spicken. Dann wurde es einige Stunden geschmort. Doch das Fleisch war danach totgewürzt und totgeschmort. Heute ist das glücklicherweise anders. Denn das Wild, das frisch in unsere Küchen kommt, hat das gar nicht mehr nötig, und Sie können es fein zubereitet genießen.

Das Wildfleisch reift unter kontrollierter Kühlung bei etwa sieben Grad und kann schon nach drei Tagen gegessen werden. Der strenge Geruch aus den „Vor-Kühlschrank-Zeiten" entsteht so gar nicht erst. Damit ist auch das Beizen überflüssig geworden. Abhängen muss das Fleisch allerdings immer noch, damit es zart und genießbar wird. Durch den Reifungsprozess wird das Glykogen im Muskel in Milchsäure umgewandelt, das macht das Fleisch weicher.

Auch das Spicken mit Speck gilt unter guten Köchen heute als überholt. Es sollte das Fleisch vor dem Austrocknen bei den langen Zubereitungszeiten bewahren. Doch durch Spicken wird das Fleisch erst richtig trocken, denn mit der Spicknadel werden Muskelzellen verletzt und das Fleisch verliert beim Braten Saft. Außerdem harmoniert Schweinespeck nicht unbedingt mit dem Wildgeschmack, es kann zu ranzigen Geschmacksnoten kommen.

Vorsichtig sollten Sie übrigens mit Wild sein, das „Wochenend-Jäger" geschossen haben, denn sie sind oft keine besonders guten Schützen. Wird ein Tier nicht schnell und waidgerecht geschossen, kommt es zu einem Ausstoß von Stresshormonen, die sich in der Qualität des Fleisches bemerkbar machen.

ROT GEGEN WEISS: DAS IN UND OUT DER IDEOLOGEN

Bei der Frage, ob rotes Fleisch besser ist als weißes, handelt es sich um einen reinen Glaubenskrieg: Als besonders wertvoll wird seit einiger Zeit weißes Fleisch hervorgehoben, rotes soll dagegen schädlich sein. Als Begründung wird ins Feld geführt, helles Fleisch liefere weniger Kalorien, enthalte weniger Fett und Cholesterin, sei günstiger hinsichtlich der Vorbeugung von Herz- und Kreislauf- sowie Krebserkrankungen. Einmal davon abgesehen, dass Kalb-, Hühner- und Putenfleisch aus der Turbomast unter anderem mit Schnellwuchsmitteln und Medikamenten hochgradig belastet und schon deshalb unzuträglich ist, erweist sich bereits die Aufteilung in „rotes" und „weißes" Fleisch bei genauerem Hinsehen als willkürlich. Allein die Zuordnung ist schwierig: Als rotes Fleisch wird Rind-, Schweine- und Lammfleisch verdammt, doch auch Enten- und Gänsefleisch ist dunkel. Puten haben in bestimmten Partien „rotes" Fleisch. Das gilt auch für Wildgeflügel. Normales Fleisch von natürlich aufgezogenen Tieren ist nach dem Schlachten immer rot, denn in allen Tieren fließt schließlich Blut.

Nicht selten werden zum hellen Fleisch auch Fisch und Meeresfrüchte gezählt, was ohnenhin nicht logisch ist.

Ernährungsphysiologisch stellt sich die Aufteilung ebenfalls als schwierig dar: So unterscheiden sich beispielsweise Geflügelfleisch und Fisch in ihrem Nährstoffgehalt stärker als Geflügel und Schwein – etwa was den Jod-Gehalt oder die Omega-3-Fettsäuren angeht. Entscheidender ist es, ob es sich um ein fettes oder ein mageres Stück Fleisch ein und desselben Tieres handelt und ob beim Geflügel beispielsweise die Haut mitverzehrt wird oder nicht. Rotes Fleisch von Weidetieren enthält zudem mehr gesundheitsförderliche Fettsäuren, Rind- und Schweinefleisch haben mehr Eisen und Zink als Geflügelfleisch. Schweinefleisch weist von allen Fleischarten das meiste Vitamin B1 auf.

DIE GUTE PUTE: EIN ARMES SCHWEIN

Bei Gesundheitsaposteln und Liebhabern von degenerierten Fleischschnipseln steht Putenfleisch besonders hoch im Kurs, unter anderem weil es aus nicht nachvollziehbaren Gründen als „politisch korrekt“ gilt. Dass dieses Fleisch besonders gesund ist, gehört allemal ins Reich der Fabeln. Jedenfalls, wenn die gequälten Tiere aus der Turbomast stammen. Dann sind sie die reinsten Arznei-Cocktails. „Ihre Futterpläne lesen sich wie Medikamentenrezepte“, merkte der kritische Agrarbericht bereits vor einiger Zeit an. Alle Bemühungen, die Lebensbedingungen von Puten in der Massenhaltung zu verbessern, haben bislang, wie es scheint, kaum gefruchtet.

Wenn Sie Putenfleisch kaufen, erfahren Sie normalerweise nicht einmal, aus welchem Land das Fleisch kommt. In Italien, Frankreich und den USA sollen die Lebensbedingungen für die Puten noch schlechter sein. In den USA wird den Puten eine Olivenöl-Salz-Lösung gespritzt, damit ihr Fleisch wenigstens nach irgendetwas schmeckt. Auch Putenteile aus Polen, Ungarn oder Brasilien sind im Handel. Sie werden in Eiswasser transportiert und sind geschmacklich verwässert.

Doch Pute ist nicht gleich Pute: Natürliche Rassen artgerecht aufgezogen liefern bestes Putenfleisch, fettarm und eiweißreich. Dafür sollten Sie ruhig tiefer in die Tasche greifen.

„Es ist wunderbar, wie in nahen Beziehungen
Menschenglück und Putenbraten zueinander stehen und
welche Püffe das Herz verträgt, wenn man jeden Schlag
mit einer Flasche Marcobrunner parieren kann ..."

Theodor Fontane (1819–1898)

CHILLOUT NACH DEM FINAL COUNTDOWN

Das Muskelfleisch von Kalb, Rind, Schwein und Lamm braucht einen Reifungsprozess, um zart zu werden und seinen Geschmack voll zu entfalten. Wer diese Reifung nicht abwarten kann, platzt genau in die Phase der Leichenstarre hinein, in der Fleisch einfach nur zäh ist: Beim Rind tritt sie nach 36 Stunden ein. Schweinefleisch ist erst nach drei bis vier Tagen richtig schön zart. Kalbfleisch braucht zum Abhängen eine Woche, Rindfleisch zwei bis drei Wochen. In der Reifezeit lockern Enzyme die Zellstruktur des Fleisches und machen es mürbe. Das Fleisch sollte langsam bei Temperaturen unter sieben Grad abhängen. Wird es zu schnell eingefroren, wird der Reifungsprozess gestört.

Während das Fleisch reift, verliert es etwas an Flüssigkeit. Damit sinkt das Gewicht des Fleisches, das der Metzger verkaufen kann. Das schmälert seinen Verdienst, weswegen es mancher Schlachter eben nicht so eng sieht mit der Reifung und Ihnen zähes Fleisch verkauft. Die meisten von uns stehen leider ratlos vor der Fleischtheke und wissen nicht, woran sie ein hervorragend gereiftes Stück Fleisch erkennen können. Viele achten fälschlicherweise darauf, dass das Fleisch möglichst völlig fettfrei ist. Das hat aber nichts mit dem Reifeprozess zu tun. Gutes Fleisch soll außerdem schön marmoriert sein. Vorteil: Sie brauchen dafür weniger Fett zum Braten und das Fleisch hat mehr

Geschmack. Einen gut abgehangenen Braten erkennen Sie daran, dass er eher in Grau- als in leuchtenden Rottönen changiert.

Bei Geflügel hingegen ist es wichtig, dass es so frisch wie möglich verzehrt wird. Zum einen schmeckt es nur dann richtig gut, zum anderen ist die Salmonellengefahr nicht so groß. Bei Gefriergeflügel darf auf gar keinen Fall die Kühlkette unterbrochen werden, damit die Keime keine fröhlichen Urstände feiern.

HIER GEHT ES UM DIE WURST

Bei der Herstellung von Wurst verhält es sich genau umgekehrt wie beim Fleisch, das ja eine gewisse Weile abhängen muss, bevor es zart und schmackhaft ist: Eine qualitativ hochwertige Wurst wird aus noch schlachtwarmem, gutem Fleisch zubereitet. Nur dann wird es eine echte Hausmacherwurst.

Bei anders zubereiteter Wurst lässt sich die Geschmackseinbuße selbst durch die raffinierteste Würzung nicht wettmachen. Doch in den Großküchen und Chemielabors der Lebensmittelindustrie wird meist der billigste Weg gewählt und schnell gefrorenes Fleisch in die Wurst gepackt und mit anderen minderwertigen Zutaten sowie Zusatzstoffen (Aromastoffe, Geschmacksverstärker) gemischt. Kaufen Sie deshalb Ihre Wurst am besten bei dem (Bio-)Schlachter Ihres Vertrauens, der noch selbst wurstet und geradesteht für das, was er in die Wurstmasse hineintut. Der Volksmund reimte wahrscheinlich auch für die heutige Zeit ziemlich folgerichtig: „Der Inhalt einer Wurscht bleibt auf ewig unerfurscht."

Brüh- und Kochwürste sind zum alsbaldigen Verzehr bestimmt, da sie relativ

WURSTIGE REDENSARTEN

Dem Deutschen ist die Wurst nicht „Wurscht" – ihm ist also nicht egal, was in der Wurst landet. Einer sauber hergestellten Wurst ist auch der Ausdruck „wurschtiges Verhalten" nicht zur Last zu legen. Als Hanswurst galt einst ein gutmütiger ausgelassener Mann, der gerne seine Possen trieb. Mancherorts wurde auch das Kasperle so bezeichnet.

rasch verderben. Die anderen Würste werden gesalzen, gebrüht, geräuchert, fermentiert und getrocknet, um sie haltbarer und – wie Sterne- und TV-Koch Alfons Schuhbeck sagen würde – „gschmackiger" zu machen. Deutschland ist ein Land der Wurst-Fans. Insgesamt werden hierzulande etwa 1.500 verschiedene Wurstsorten gezählt.

WEISSWÜRSTE SCHEUEN DEN HIGHNOON

Südlich des Weißwurstäquators gilt vielerorts noch die alte Regel, dass die Weißwurst das Zwölfuhrläuten nicht hören darf, folglich bis dahin verspeist sein muss. Die Haltbarkeit der bayerischen Nationalspeise im Schweinesaitling ist so gering, dass Produktion und Verkauf der gestrengen Hackfleischverordnung unterliegen – jedenfalls wenn die Wurst frisch ist und erst kurz vor dem Verzehr gebrüht wird. Am besten wird sie brühwarm genossen. Grundsätzlich sind alle Brühwürste heikel, was ihre Haltbarkeit angeht, und sollten baldigst verzehrt werden.

Verputzt wird nur der Inhalt der Weißwürste, die Pelle bleibt „ausgezutzelt" zurück. Dazu gehören süßer bayerischer Senf, eine Brezel und ein zünftiges Weißbier. Jedenfalls wenn es echt bajuwarisch zugehen soll.

Überhaupt hat der Bayer einen großen Appetit und isst den ganzen Tag hie und da ein Schmankerl. Spötter behaupten, so ungefähr sähe sein Tagesplan aus:

10 Uhr: Leberkäs
11 Uhr: Weißwurst
12 Uhr: Kronfleisch
13 Uhr: Schweinshaxen
16 Uhr: Radi und Brezel
17 Uhr: Wurstsalat
19 Uhr: Was Deftig's ...

MARINADEN: WENN LEBENSMITTEL ZUR SEE FAHREN

Der Begriff Marinieren stammt – so vermutet man – tatsächlich noch aus der Zeit, als Lebensmittel für die Marine in Lake (aqua marina) haltbar gemacht wurden, damit sie mit auf die große Reise gehen konnten. Manche Lebensmittel legen wir zum Marinieren in säuerliche Flüssigkeiten wie Essig, Wein oder Sauermilchprodukte ein. Die darin enthaltenen Säuren sollen das jeweilige Fleisch, den Fisch oder das Gemüse zart und schmackhafter machen. Darüber hinaus werden diese kurzfristig konserviert. Fisch lässt sich auf diese Weise sogar ohne Hitze gar ziehen, das frische Fischfleisch wird weiß und fest.

Marinieren beseitigt den Eigengeruch von Wild (dann heißt es beizen), Innereien oder Fisch. In der Lebensmittelindustrie werden Marinaden häufig verwendet, um minderwertige Lebensmittel aufzumotzen. Verzichten Sie deshalb besser auf fertig eingelegtes Grillgut, marinieren Sie Ihr Fleisch lieber selbst, dann wissen Sie, was in Ihren Magen wandert.

Auf Salz als Zutat wird bei den Marinaden übrigens verzichtet, denn es entzieht dem Gewebe des jeweiligen Lebensmittels Wasser – gesalzen wird erst bei der Zubereitung. Marinaden werden bei der Zubereitung des Lebensmittels meist mitverwendet, Beizen nicht.

Das bekannteste marinierte Gericht ist der gute alte Sauerbraten. Er wird für einige Tage in einer Mischung aus Essig, Weißwein und Gewürzen eingelegt. Das Fleisch bekommt eine angenehm säuerliche Note. Die Säuren von Essig und Wein knacken die Fleischproteine und machen das Gewebe wunderbar zart. Zudem ergibt sich beim Braten eine besonders köstliche Sauce.

KNOCHEN – DAS SKELETT DES ASPIK

Viele Menschen staunen darüber, dass man Gelee beziehungsweise Aspik für Sülzen oder Tellergerichte auch selbst herstellen kann. Dazu brauchen Sie einen würzigen Knochensud – beispielsweise aus Kalbs- oder Lammfüßen und Suppengemüse, das Sie nach dem Kochen sehr langsam abkühlen lassen. Beim Kochen mancher Fleischsorten werden Wirkstoffe freigesetzt, beziehungsweise kollagene Fasern aufgespalten, die dazu führen, dass die Masse beim Erkalten steif wird – also geliert. Wichtig: Während des Eindickens beim Abkühlen ist die Masse sehr empfindlich, denn die Moleküle sind zu dem Zeitpunkt nur lose miteinander verbunden. Deshalb sollten Sie unbedingt vermeiden, daran zu „wackeln" oder die Gefäße zu bewegen.

Ein gut gemachter Aspik ist zart, zergeht auf der Zunge und hat ein besonders feines Aroma. Damit lassen sich die schönsten Speisen edel und durchsichtig „verpacken" und bei Gästen ordentlich punkten. Das geht natürlich einfacher, indem Sie fertige Blattgelatine verwenden. Allerdings schmeckt diese nach nichts. Zusätzlich ist sie ein Geschmacksräuber, und Sie sollten deshalb Speisen mit Gelatine entsprechend kräftiger würzen.

KAMPF GEGEN DIE FLEISCHESLUST

Rund sechs Millionen Bundesbürger ernähren sich vegetarisch. Jede Woche sollen es nach Angaben des Vegetarier-Bundes 4.000 mehr werden, die auf Sonntagsbraten, Weihnachtsgans und Schinkenbrot verzichten. Wer versucht, mehr oder weniger fleischlos glücklich zu sein, hat ein geringeres Sterblichkeitsrisiko, vermeldete das Deutsche Krebsforschungszentrum (DKFZ) anhand aktueller Studienergebnisse. Und doch: Fleisch wird zu Unrecht verteufelt. Auch das DKFZ kommt zu dem Ergebnis, dass es letztlich nicht das Fleisch ist, das den Kohl fett macht. Bei genauem Besehen belegt keine Untersuchung wirklich, dass der Genuss von Fleisch Herzinfarkte oder Krebs begünstigt. Der Knackpunkt der meisten Studien ist, dass sie Äpfel mit Birnen vergleichen. Denn der Normalesser unterscheidet sich noch in wesentlichen anderen Dingen vom Vegetarier. So sind die meisten Fleischabstinenten Nichtraucher. Damit geraten sie schon mal mehr aus dem Schussfeld von Lungenkrebs und Herzleiden. Sie leisten sich fast immer die besseren, weniger belasteten Nahrungsmittel aus dem Bio-Anbau. Sie bewegen sich mehr, sind allgemein schlanker und stammen aus sozial höheren Schichten. Allein dadurch steigt die Lebenserwartung deutlich. In der so genannten Vegetarier-Studie des DKFZ ist das interessanteste Ergebnis, dass diejenigen am gesündesten waren, die ab und an auch gerne mal Fleisch oder Fisch essen. Die Lösung lautet: Sie sollten essen, was Ihnen schmeckt, jedoch mehr auf die Qualität achten.

Keine der vorhandenen Studien weist im übrigen nach, dass Vegetarier wirklich älter werden. Sie sterben höchstens an anderen Krankheiten: Sie erleiden weniger Herzinfarkte, dafür mehr Schlaganfälle. Doppelt so häufig wie Fleischesser sterben sie an Magen- und Prostatakrebs.

MACHT FLEISCHLOSE KOST GLÜCKLICH?

Mitnichten. Sie macht sogar ausgesprochen missmutig und unglücklich. Zumindest weibliche Vegetarier legen zuhauf schlechte Laune und eine negative Weltsicht an den Tag. Und: Schätzungsweise 90 Prozent der Vegetarier sind weiblich.

Die finnische Psychologin Marjaana Lindeman von der Universität Helsinki, fand heraus, dass Vegetarierinnen übermäßig auf ihre schlanke Linie fixiert sind. Der Anteil der Frauen mit Anorexia nervosa (Magersucht) liegt deutlich über dem der Fleischgenießerinnen. Die Gemütsverfassung der Vegetarierinnen und Halb-Vegetarierinnen (diejenigen, die kein rotes Fleisch, aber Geflügelfleisch essen) wird häufig durch Depressionen, Niedergeschlagenheit, Einsamkeit und schlechten Schlaf beeinträchtigt. Zudem leiden die Frauen unter einem umfassenden Negativismus: Sie unterstellen der Welt und den Menschen ein höheres Maß an Ungerechtigkeit.

Dabei ist noch nicht geklärt, ob der Verzicht auf Fleisch so auf die Stimmung schlägt oder aber ob generell depressivere Menschen sich eher zur fleischlosen Kost hingezogen fühlen. Denkbar wäre, dass im Fleisch ein antidepressiver Stoff enthalten ist. Als Kandidat dafür käme das Cholesterin infrage. Nach Untersuchungen von Professor Thomas Bronisch vom Max-Planck-Institut für Psychiatrie begünstigt eine Unterversorgung von Cholesterin aggressives und selbstschädigendes Verhalten. Depressionen treten bei niedrigem Cholesterinspiegel sehr viel häufiger auf. Der Cholesterinspiegel liegt bei Vegetariern um fast 20 Prozent unter dem der Allesesser. Der Körper kann überdies aus Fleisch die Aminosäure Tyrosin gewinnen. Sie dient als Vorstufe zu den körpereigenen „Glücksstoffen", die Sie positiv und gut gelaunt stimmen. Darüber hinaus messen viele Vegetarier dem entspannten und lustvollen Genuss der Speisen nicht besonders viel Gewicht bei. Etliche fühlen sich eher der „politischen Korrektheit" verpflichtet. Auch dies ist der Gesundheit nicht gerade zuträglich.

OBST UND GEMÜSE

WARUM IST DIE BANANE KRUMM?

„Weil keiner sie gerade gebogen hat“, pflegten wir als Kinder höchst witzig zu sagen. Was häufig nur als Scherzfrage gemeint ist, findet tatsächlich eine wissenschaftliche Erklärung: Während die meisten Früchte aufgrund der Schwerkraft nach unten wachsen, ist das bei der Banane genau umgekehrt. Zunächst noch gerade und nach unten hängend, bewirkt ein natürliches Wachstumshormon, dass die fingerkurzen Bananen sich innerhalb weniger Tage nach oben biegen. Dabei werden sie krumm. Der Grund: Bananen wachsen entgegen der Schwerkraft von der Erde in den Himmel. Das nennt man negativen Geotropismus.

SCHLAGERSTAR, DOPINGMITTEL, GLÜCKLICHMACHER: MULTITALENT BANANE

Erinnern Sie sich noch an den Wirtschaftswunder-Schlager „Ausgerechnet Bananen, Bananen verlangt sie von mir ...“? Schon Fritz Löhner, dem wir diese erhellenden Zeilen zu verdanken haben, muss sich bewusst gewesen sein, dass es in Wirklichkeit die Banane war, mit der Eva ihren Adam im Paradies verführte. Heute ist die Banane ein Alltagsobst: Marathonläufer bekommen sie quasi als Doping-Konzentrat in die Hand gedrückt, wenn sie kurz vor dem Zusammenbruch sind, quengelige Babys werden durch ihren Brei wieder friedlich, und kränkelnde Senioren kommen mit ihr wieder auf die Beine.

Die Banane ist dreimal so nahrhaft wie ein Apfel, sie strotzt vor Kohlenhydraten, Nervenvitaminen und Ballaststoffen. Entgegen allen Vorurteilen stopft sie nicht und macht auch nicht dick. In der Banane steckt obendrein ein Stoff, der sich freundlich über das Gemüt legt: Serotonin, das auch in unserem Körper als stimmungsaufhellendes Hormon gebildet wird. Leider wird das mit der Banane gegessene Serotonin rasch im Magen-Darm-Trakt verdaut. Doch durch den Kohlenhydrat-Anteil der Banane gelangt zum Ausgleich mehr Tryptophan ins Gehirn, aus dem das Serotonin hergestellt wird.

EIN APFEL AM TAG BRINGT DEN DOKTOR INS GRAB

Natürlich wollen wir Ihrem Arzt nur das Beste wünschen. Doch Ihr Geld und Ihre Lebenszeit sollten nicht dazugehören. Essen Sie deshalb jeden Tag einen Apfel, schon haben Sie eine ganze Apotheke im Mund, sparen Ihre Piepen und bleiben obendrein gesund. Aus dieser Erkenntnis kreierte der amerikanische Volksmund den Spruch „an apple a day keeps the doctor away" – ein Apfel am Tag hält den Doktor fern.

Die Ernährungsmedizin mag diese Erkenntnis inzwischen gern bestätigen: Sie beschäftigt beispielsweise die Frage, ob der Apfel krebshemmend wirkt. Vor allem roten Äpfeln wird diese Eigenschaft zugeschrieben, weil besondes sie in der Schale sekundäre Pflanzenstoffe wie Phenole und Anthozyane enthalten. Die Polyphenole beispielsweise wirken nachgewiesenermaßen vorbeugend gegen Tumorbildung. In der Schale steckt auch der Tausendsassa unter den sekundären Pflanzenstoffen, das Quercetin. Es macht die freien Radikale unschädlich. Damit beugt es Zellveränderungen vor, die langfristig zu vorzeitigen Alterserscheinungen oder Krebs führen können.

DIE APFELAPOTHEKE

Bei Magen- und Darmbeschwerden kann Ihnen mildes Apfelmus helfen. Gegen Durchfall werden frische geriebene Äpfel empfohlen. Nicht zu unterschätzen ist auch der Ballaststoffgehalt des Apfels, der dem Magen ein angenehmes Sättigungsgefühl und dem Darm Entlastung verschafft.

Äpfel senken mithilfe des Quellstoffs Pektin den Cholesterinspiegel, in dem offenbar in der Leber weniger Cholesterin gebildet und der Anstieg des Blutzuckerspiegels gemindert wird. Dadurch beugt der Genuss von Äpfeln der Arteriosklerose und anderen Herz- und Kreislauferkrankungen vor. Die Früchte stärken die Darmflora und unterstützen die Verdauung. Sie entwässern und regen damit die Ausscheidung von Salzen an. In der klassischen Naturheilkunde wurden Äpfel oder Apfeltee zur Wundheilung eingesetzt, zur Reinigung des Blutes und zur Stärkung der Abwehrkräfte.

GRAPEFRUIT MAG IHRE PILLEN NICHT

Die meisten Medikamente werden morgens beim Frühstück mit Saft, Milch und Kaffee hinab gespült. Doch seien Sie gewarnt: Wenn Sie Pillen einnehmen müssen, schlucken Sie sie nicht einfach mit irgendetwas hinunter. Denn Getränke und Lebensmittel können die Wirkung Ihrer Arzneien beeinflussen und unter Umständen negative Wechselwirkungen mit ihnen eingehen. Vor allem Grapefruitsaft ist in dieser Hinsicht ein übler Begleiter.

Er hemmt den Abbau von Arzneistoffen in der Leber, steigert so die Wirkstoffkonzentration im Blut und verstärkt damit die Wirkung eines Medikaments. So kann es zu folgenschweren Überdosierungen kommen. Diese Arzneimittel mag Grapefruitsaft gar nicht: Antiallergika, Blutdruck- und Cholesterinsenker und Potenzmittel. Wenn Sie Grapefruitsaft getrunken haben, sollten Sie sich etwa vier Stunden Zeit lassen, bis Sie Ihre Medikamente einnehmen. Bei Säften aus anderen Zitrusfrüchten konnten diese Auswirkungen bislang nicht festgestellt werden.

Manche Pillen sollten Sie nicht mit Milch einnehmen, etwa Antibiotika, Osteoporosemedikamente und Eisenpräparate. Das Kalzium in der Milch kann sich mit verschiedenen Wirkstoffen zusammentun und in einen unlöslichen Zustand übergehen. Auch Kaffee und Tee behindern die Aufnahme bestimmter Medikamente. Mit Wasser gehen Sie hingegen keinerlei Risiko ein. Nehmen

Sie Stimmungsaufheller ein, machen Sie einen Bogen um eiweißreiche und lange gelagerte Speisen. Denn diese können in Verbindung mit dem Medikament Bluthochdruck auslösen. Auch Salami, Sauerkraut, Käse, weiße Bohnen, Salzheringe, Kaviar und Rotwein stehen in diesem Fall auf Ihrer Tabu-Liste. Wenn Sie einen Blutverdünner einnehmen müssen, seien Sie vorsichtig mit Vitamin K-haltigen Lebensmitteln wie Brokkoli, Blumenkohl, Rosenkohl, Rucola, Kopfsalat, Spargel, Spinat, Bohnen, Erbsen und Leber.

SCHRUMPELAPPEL VERSUS DESIGNERGEWÄCHS

Im Obstregal des Supermarktes finden Sie heute meist nur Designeräpfel. Mehr als sechs, sieben Sorten gibt es selten im Angebot – außer auf Wochenmärkten und bei speziellen Apfelbauern. Elstar, Jonagold, Braeburn, Golden Delicius, Granny Smith oder Boskop müssen modernen Kriterien genügen: gleichmäßig in Form und Größe, lagerungs- und transportfähig, geeignet für Sortiermaschinen und jederzeit in großen Mengen lieferbar. Killer der Sortenvielfalt sind wir selbst. Denn viele wollen keine Äpfel mehr essen, so wie sie die Natur an den Bäumen gedeihen lässt. Und schon gar keine schrumpeligen Lageräpfel. Ganzjährig soll es knackige Äpfel immer frisch geerntet geben. Vor allem wollen die Verbraucher keine teuren Äpfel – egal ob sie aus Übersee stammen und um die halbe Welt transportiert werden.

FRÜHREIFE FRÜCHTCHEN

Äpfel enthalten Mineralstoffe en masse – vor allem Kalium, Calcium, Natrium, Phosphor, Magnesium, Eisen, Fluor, Jod, Zink, Kupfer, Selen, eine große Menge Vitamin C sowie Vitamin A, B_1, B_2, B_6, Folsäure, Vitamin E und unglaublich viele sekundäre Pflanzenstoffe. Wenig Vitamin C enthalten die Äpfel aus dem Supermarkt, und zwar nicht, weil sie schlechte Sorten wären, sondern weil sie einfach zu früh geerntet werden, obwohl sie zur Vitaminbildung noch mehr Sonne gebraucht hätten.

Bio-Äpfel liefern den nahezu gleichen Gehalt an Nähr- und Vitalstoffen wie konventionell erzeugte. Sie haben trotzdem etliche Vorteile. Sie sind mit Pflanzenschutzmitteln wenig belastet. Das Fruchtfleisch der naturgemäß gezogenen Sorten ist meist fester und schmackhafter. Die Früchte enthalten weniger Wasser, sie duften und schmecken dadurch intensiver. Außerdem sind sie länger lagerfähig. Weil Öko-Apfelbauern wegen des doch enormen Arbeitsaufwands nur etwa die Hälfte des konventionellen Anbaus ernten können, sind ihre Preise höher.

ANANAS ZWINGT FLEISCH IN DIE KNIE

Ananas macht Fleisch mürbe. Verantwortlich dafür sind Enzyme in der Ananasfrucht, besonders das Bromelain. Sie begünstigen bestimmte biochemische Vorgänge. Im Fleisch bauen sie Proteine ab, vor allem das Kollagen, das Fleisch hart und zäh macht. Geben Sie frische Ananas oder Ananassaft an einen Braten – etwa vom Schwein –, dann wird er wunderbar zart und mürbe.

Das funktioniert auch mit Papaya. Das in ihr enthaltene Enzym Papain hilft, einerseits im Körper Fett abzubauen. Das Enzym ist andererseits vergleichsweise hitzebeständig (bis 80 Grad Celsius) und kann rohes Fleisch damit zarter machen. Dafür reicht es schon aus, wenn Sie das Fleisch mit Fruchtstreifen belegen. Doch Vorsicht: Gelangt ein Tröpfchen des Saftes in Ihre Augen, sind diese von den eiweißauflösenden Enzymen ebenfalls bedroht. Bitte schnellstens die Augen mit Wasser ausspülen.

RHABARBER: IRGENDWIE STUMPF AM ZAHN

Rhabarber wird im Frühsommer gern als Kompott, Kuchenbelag oder Konfitüre zubereitet. Oft wird dazu Milch, Vanillesauce, Vanillepudding, Quark oder Schlagsahne gereicht. In den Stielen des Rhabarbers steckt Oxalsäure, die zusammen mit dem Kalzium aus der Milch ein unlösliches Salz bildet. Dieses Kalziumoxalat können Sie bereits im Mund spüren. Das fühlt sich stumpf und pelzig an, irgendwie unangenehm und stumpf am Zahn. Ein weiterer Nachteil: Das Kalzium ist in dieser Form nicht für den Körper verwertbar und geht beispielsweise Ihren Knochen verloren. Wenn Sie oft Lebensmittel mit hohem Oxalsäuregehalt essen, sollten Sie mehr Milchprodukte als sonst zu sich nehmen. Andere oxalsäurehaltige Lebensmittel sind Spinat, Mangold, Rote Bete, Sauerampfer, Petersilie und Kakao.

DAS OBST, DAS EIN GEMÜSE IST

Im eigentlichen Sinne ist Rhabarber kein Obst, sondern eine Gemüsepflanze, die lediglich wie Obst zubereitet wird. Die Blätter der Rhabarberpflanze sind giftig. Der Gehalt an Oxalsäure steigt mit dem Alter des Rhabarbers. Bevorzugen Sie deshalb lieber junge Stiele. Roh schmeckt Rhabarber nicht, er muss gekocht werden. Ein Teil der Oxalsäure löst sich im Kochwasser, dass Sie deshalb wegschütten sollten.

WIESO LÄUFT OBST NACH DEM AUFSCHNEIDEN AN?

Sauerstoffaktive Enzyme verfärben Obst und manches Gemüse nach dem Anschnitt. Das nennt man Oxidation. In diesem Fall geht der Sauerstoff aus der Umgebung eine Verbindung mit der Anschnittfläche ein. Dieser Vorgang trifft vor allem Obst und Gemüse, die über wenig oder gar keine Säuren verfügen, denn diese verhindern das Grau- oder Dunkelwerden. Verhindern können Sie dies, indem Sie einige Tropfen Zitrone auf den Anschnitt träufeln. Obstsorten wie Zitrusfrüchte, Melonen oder Tomaten verfügen über genügend eigene Säure, so dass sie selbst nicht anlaufen.

STEINOBST LÄSST DEN BAUCH RUMPELN

Als Kinder wurden wir immer wieder davor gewarnt, nur ja keine Kirschen zu essen (schon gar nicht die aus Nachbars Garten) und danach Wasser zu trinken. Das treibe den Bauch auf, verursache übles Bauchweh und habe schon manches unartige Kind das Leben gekostet, weil der Bauch platzt, verhieß man uns. Hartnäckig hält sich diese Volksweisheit noch immer, die früher eine reale Grundlage hatte.

Das Trinkwasser war damals noch mit vielen schädlichen Krankheitserregern belastet, die mit den Keimen, die sich reichlich vor allem auf ungewaschenem Steinobst tummeln, eine Verbindung eingingen und sich in Windeseile vermehrten. Durch das Trinken wird außerdem im Magen die Salzsäure verdünnt, sodass sie solche Mikroorganismen nicht mehr ausreichend abtöten kann. So rutschen die Krankheitserreger weiter in den Darm hinein und verursachen hier bei den Gärungsprozessen Probleme.

Heute haben wir jedoch Trinkwasser, das eines der am besten kontrollierten Lebensmittel ist. In fast allen Gegenden Deutschlands können Sie es bedenkenlos trinken. Allerdings sollten Sie besser nichts Sprudelndes zu Kirschen und anderem Steinobst trinken. Denn die Kohlensäure beansprucht ihren Platz im Magen, und das kann zusammen mit den Kirschen durchaus zu Magengrimmen führen.

APFELESSIG: MIT ABNEHMEN IST ESSIG

Immer mehr Naturfans, Diät- und Eso-Freaks schwören auf Apfelessig. Er gilt als Stärkungsmittel und Arznei gegen alle möglichen Beschwerden. Vor allem als Mittel gegen unerwünschte Pfunde hat er in jüngster Zeit für Furore gesorgt. Wissenschaftlich betrachtet ist es damit allerdings Essig, sprich: Unsinn. Es kann zwar sein, so meint die Deutsche Gesellschaft für Ernährung, dass Apfelessig bei Menschen mit zu wenig Magensäure das Völlegefühl lindert, doch mehr aber auch nicht. Die Forschung kann sich derzeit nicht erklären, welcher Inhaltsstoff für positive Wirkungen verantwortlich zu machen sein könnte. Apfelessig enthält wohl alle Stoffe, die den Apfel so wertvoll machen – Vitamine, Mineralstoffe, Enzyme, Aminosäuren und Pektin –, jedoch in wesentlich geringeren Mengen als in einem Apfel oder in einem Glas Apfelsaft. Bleibt noch die Essigsäure. Sie ist charakteristisch für jeden Essig und hilft in der Tat bei der Verdauung von Fetten und Kohlenhydraten. Die ebenfalls enthaltene Zitronensäure wiederum braucht der Körper für den Kohlenhydratstoffwechsel. Propionsäure tötet Bakterien ab, was man sich bei der Konservierung mit Essig zunutze macht. Das Pektin wirkt sich regulierend auf den Blutfettspiegel aus, ist ansonsten aber eher appetitanregend.

POWER-DRINK

Viele Apfelessig-Fans fühlen sich nach dem morgendlichen Genuss dieses Drinks erfrischt: 1 EL Apfelessig auf 1 Glas Wasser. Und das ist der Gesundheit ja auch schon eine Menge wert. Wenn Sie den Apfelessig einmal ausprobieren wollen, so sollten Sie ihn immer verdünnen und Ihren Magen befragen, ob ihm die saure Mischung bekommt. Nebenwirkungen sind ansonsten unbekannt.

EIN DUFT, DER ALT MACHT

Knoblauchfreunde duften bekanntlich aus jeder Pore und zwar nicht besonders berauschend. Der spöttische Spruch „Knoblauch macht alt, aber einsam!“ kann zumindest für den ersten Halbsatz als bewiesen gelten. Das Problem der Einsamkeit ließe sich ganz einfach aus der Welt schaffen: Wenn alle Knofi äßen, röche dies keiner mehr. Und alle könnten gemeinsam in Ehren und gesund ergrauen.

Ihren durchdringenden Geruch verdankt die Knolle dem Umstand, dass sie sich selbst vor dem Gegessenwerden schützen will: Die wichtigste schwefelhaltige Verbindung des Knoblauchs ist das geruchslose Alliin. Wenn das Fleisch der Zehen auch nur geringfügig verletzt wird, wird das Enzym Allinase freigesetzt und macht aus Alliin den geruchsintensiven Abwehrstoff Allicin. Daraus entstehen schwefelhaltige Verbindungen.

Während des Verdauungsprozesses zerfallen diese Duftstoffe in viele weitere übel riechende Substanzen, die im Körper umgewandelt, abgebaut und dann auch über die Haut ausgeschieden werden. Deswegen riechen Sie nach dem Genuss von Knoblauch nicht nur aus dem Mund, sondern duften – gerade am Tag danach – gewissermaßen aus jeder Pore. Der Genuss von Petersilie soll vor dem Knofi-Parfum schützen.

ANTI-AGING-DOKTOR KNOBLAUCH

Kürzlich stellten russische Forscher fest, dass Knoblauch die Reparatur von Erbschäden „lostreten" kann. Bestimmte Wirksubstanzen schützen die Erbsubstanz als so genannte Radikalfänger, wirken also antioxidativ. Das war bereits bekannt. Dass sie jedoch offenbar sogar die Instandsetzung beschädigter Gene unterstützen können, wird von vielen Wissenschaftlern als Sensation gewertet. Knoblauch mindert nach bisherigem Wissensstand das Krebsrisiko, indem er Krebs auslösende Stoffe unschädlich machen kann. Zudem befreit er die Adern von Ablagerungen und schützt so Herz und Hirn.

Wissenschaftlich erwiesen sind auch die antibakteriellen Wirkungen des Knoblauchs und seine Fähigkeiten, das Immunsystem zu stärken. Darüber hinaus hat es eine günstige Wirkung auf den Cholesterinspiegel, indem es den ungünstigen LDL-Anteil im Blut senkt und Ablagerungen in den Gefäßen verhindert. Knofi kurbelt die Verdauung an und kann möglicherweise auch Darmkrebs verhindern. In Ländern, in denen reichlich mit Knoblauch gewürzt wird, tritt seltener Magenkrebs auf. Das soll an seinen (duftenden) Schwefelverbindungen liegen, die Nitrosamine unschädlich machen.

Knoblauch soll sich auch als Blutverdünner verdient machen, den Blutzuckerspiegel senken, die Herztätigkeit anregen, Zahnschmerzen lindern und Stresssymptome killen. Die Knollen wirken gegen Pilzinfektionen und regen die Heilung von Lungenerkrankungen an.

Damit Knoblauch seine gesundheitliche Wirkung entfalten kann, sollten Sie mindestens zwei Zehen pro Tag essen. Wegen des Geruchs bevorzugen viele Menschen Knoblauchpillen.

STREIKBRECHER MIT DURCHSCHLAGENDEM DUFT

Den ersten Streik in der Geschichte, der schriftlich im Papyrus Ebers verbrieft ist, zettelten die Pyramiden-Arbeiter in Ägypten an, als ihnen die Knoblauch- und Zwiebelrationen gekürzt wurden. Die Knollen waren für sie von unschätzbarem Wert, denn sie aßen sie nicht nur, sie behandelten damit Infektionen, offene Wunden, Pilzerkrankungen und allerlei anderes – sogar Knochenbrüche. Knoblauch- und Zwiebeltinkturen gehörten zu den wichtigsten Heilmitteln jener Zeit.

Knoblauch galt lange Zeit als Schutz vor der Pest, man glaubte, er reinige die Welt vom Bösen. Wahrscheinlich, weil er beschlägt und schwarz wird, wenn er längere Zeit dem Sauerstoff der Luft ausgesetzt wird. Seeleute schworen auf Knoblauch, weil er es mit Bakterien aufnahm, die auf langen Fahrten in fauligem Wasser entstanden. Über dem Paris des 16. Jahrhunderts soll im Frühjahr um diese Zeit eine regelrechte Knoblauchfahne gehangen haben. Damals brachten die Bauern den ersten frischen

RECHT AUF KNOBLAUCH

In Hamburg entfachte sich vor etlichen Jahren ein Rechtsstreit: Ein Hausbesitzer wollte seinem Mieter das Kochen mit Knofi verbieten – wegen der Geruchsbelästigung im Treppenhaus. Das Hamburger Amtsgericht befand, dass der Geruch appetitanregend und das Kochen mit Knoblauch zulässig sei. Die Klage wurde abgewiesen.

Knoblauch und frische Butter in die Stadt. Daraus entstand die köstliche französische Knoblauchbutter, die heute in aller Welt bekannt ist.

Der Überlieferung nach vertreibt Knoblauch auch blutrünstige Vampire. Höchstwahrscheinlich wegen seines – zumindest für Außenstehende – penetranten Geruchs. In ganzen Zöpfen an die Haustür gehängt signalisiert er den Untoten bereits vor dem Hineinschweben: Hier ist kein Tröpfchen müffelfreies Blut zu holen.

ZWIEBELN – HIER GIBT'S WAS AUF DIE OHREN

In Zwiebeln stecken viele Pflanzenstoffe, die enorme Heilwirkungen entfalten können. Rohe Zwiebeln wirken antibiotisch, hemmen das Wachstum krankmachender Bakterien im Darm und regen Magen- und Darmtätigkeit an. Zwiebelsaft, Zwiebelsirup und Zwiebelauflagen gehören zu Großmutters Hausapotheke und sind eine sichere Bank. Sie lindern beispielsweise Ohrenschmerzen, Insektenstiche und heilen kleinere Verletzungen.

Für einen Ohrenwickel hacken Sie eine Zwiebel sehr fein und geben sie in die Mitte eines sauberen Baumwolltaschentuches. Das Tuch dann zusammenknoten oder mit Pflaster zusammenkleben. Legen Sie das Zwiebelpäckchen auf oder hinter das Ohr und wickeln Sie noch einen Wollschal darum. Sie können den Wickel einige Stunden am Ohr lassen.

Insektenstiche und kleinere Verletzungen reiben Sie mit einer frischen, aufgeschnittenen Zwiebel ein oder geben fein gehackte Zwiebelwürfel in eine Lage Verbandsmull und legen das auf die betroffene Stelle.

Bei Erkältungen können Sie einen Zwiebelsirup kochen: Hacken Sie zwei Zwiebeln klein, vermischen Sie diese mit sechs Esslöffeln Honig, mit einem Viertelliter Wasser zum Kochen bringen, unter Rühren einige Minuten kochen lassen. Ein paar Stunden ziehen lassen, dann durch ein Tuch drücken. Fünfmal täglich zwei bis drei Teelöffel schlucken. Oder vermischen Sie Honig mit zwei gehackten Zwiebeln, den Saft ein paar Stunden im Kühlschrank ziehen lassen und diesen dann trinken.

DAS RÜHRT ZU TRÄNEN

Beim Bearbeiten von Zwiebeln fließen Tränen. Ein Schnitt und schon entweichen den Zellen Stoffe, aus denen sich ein Gas bildet, das die Augen reizt. Dort vermischt es sich mit Tränenflüssigkeit zu Schwefelsäure. Das Gehirn schüttet sogleich mehr Tränen aus, um den unangenehmen Stoff auszuspülen. Chemisch stellt sich das so dar: Beim Schneiden bildet sich aus dem fast geruchlosen Alliin, der schwefelhaltigen Substanz der Zwiebel, das stechend riechende, Tränen auslösende Allicin. Durch Oxidation werden die Schwefelverbindungen gespalten und zu Schwefelsäure oxidiert.

Einige Tricks verhindern das beißende Martyrium: Sie können die Zwiebeln unter fließendem kalten Wasser pellen und schneiden (der Tränen auslösende Faktor ist wasserlöslich), was aber eher unpraktikabel ist. Sie können Kontaktlinsen oder eine Taucherbrille tragen, Letzteres sieht zugegebenermaßen ziemlich dämlich aus. Zumendest hilfreich: Schneiden Sie das untere Ende der Zwiebel zuletzt auf, denn hier steckt die höchste Konzentration der Tränen treibenden Stoffe, oder legen Sie die Zwiebel einige Zeit bevor Sie sie schneiden in den Kühlschrank.

Andere mehr oder weniger sinnvolle Ratschläge: Nehmen Sie während des Schneidens eine Scheibe Brot zwischen die Zähne oder halten Sie einen Schluck Wasser im Mund. Zünden Sie eine Kerze an, die soll die Tränen-Gase verbrennen. Etwas praktikabler: Schneiden Sie die Zwiebeln

ZWIEBELIG, ABER HARMLOS

Weitere Zwiebelgemüse sind Lauch, Frühlingszwiebeln, Schalotten, Perlzwiebeln, Gemüsezwiebeln, Knoblauch, Schnittlauch und Bärlauch. Sie verursachen keine tränenreiche Pein.

am offenen Küchenfenster. Gegen zwiebeligen Mundgeruch hilft ein Glas warme Milch oder etwas Zitronensaft, ein Esslöffel gehackte Petersilie oder ein Apfel.

BROKKOLI UND MIKROWELLE: KEINE PERFEKTE WELLE

Brokkoli gilt als besonders gesundes Gemüse. Er soll sogar vorbeugend gegen Krebs wirken. Allerdings nur, wenn Sie ihn nicht in der Mikrowelle zubereiten. Spanische Forscher fanden in ihren Untersuchungen heraus, dass das Gemüse in der Mikrowelle einen großen Teil seiner gesundheitlichen Wirkstoffe verliert. Besonders stark zerstört werden die Antioxidantien, die vor Krebs schützen sollen. Fast 100 Prozent der Flavonoide verflüchtigen sich im Schnellerhitzer. Die Kaffeesäurederivate verlieren 87 Prozent, die Sinapinsäure verliert 74 Prozent. Beim traditionellen schonenden Dämpfen bleiben die guten Stoffe im Wesentlichen erhalten: Die Flavonoide verlieren 11 Prozent, die Kaffeesäurenderivate 8 Prozent und die Sinapinsäure gar nichts.

GENUSS VON DER STANGE

Grüner Spargel boomt. Zunehmend wird auf den Märkten nicht nur weißer, sondern auch grüner und violetter Spargel angeboten. Die Farbe ist nicht auf unterschiedliche Sorten oder Qualitäten zurückzuführen, sondern auf den Zeitpunkt der Ernte. Weiße Stangen werden gestochen, bevor ihr Kopf das Tageslicht erblickt. Stößt der Kopf des Spargel aus der Erde, verfärbt er sich durch die Einwirkung von Licht und Sauerstoff erst violett, dann grün.

Da der weiße Spargel am beliebtesten ist, werden die typischen Spargelwälle aufgehäufelt, damit der Spargel möglichst lange unterirdisch wachsen kann. Der dünne grüne Spargel wächst gänzlich überirdisch und hat einen herzhafteren Geschmack.

Importware ist meist ab Mitte März zu haben. Hierbei handelt es sich jedoch oft um umweltbelastete Billigprodukte, die Sie besser liegen lassen sollten. Bei uns beginnt die Spargelsaison traditionell Mitte April, und am 24. Juni wird zum letzten Mal Spargel gestochen.

Der frisch gestochene Spargel schmeckt am besten. Deshalb ist es ratsam, ihn – sofern möglich – direkt beim Spargelbauern zu kaufen. Ob der Spargel frisch ist, erkennen Sie an den Schnittflächen. Sind sie bräunlich verfärbt und trocken, wurden die Stangen schon vor längerer Zeit gestochen. Ob Sie Stangen der Klasse Extra, I oder II kaufen, ist keine Frage des Geschmacks, sondern der Optik und Ihres Geldbeutels. Bis Sie den Spargel verarbeiten, sollten Sie ihn in ein sauberes, angefeuchtetes Geschirrtuch wickeln. Weißer Spargel wird bis auf die Spitze komplett geschält, grüner nur am unteren Ende.

AUSSCHEIDER ODER NICHT?

Schon bald nach dem Genuss der Luxusstangen bemerken viele einen deutlichen, unangenehmen Geruch im Urin. Schuld daran ist ein Abbauprodukt der Asparaginsäure. Doch nicht jeder produziert diesen Duftstoff und scheidet ihn aus. Die Fähigkeit dazu ist genetisch festgelegt. Und Forscher beobachteten auch, dass nicht jeder die Fähigkeit besitzt, diesen Geruch überhaupt wahrzunehmen.

SAUERKRAUT KENNT KEINE GRENZEN

Kennen Sie die Stadt mit dem eigenartigsten Parfum der Welt? Es ist Straßburg, über dem ständig eine Wolke liegt. Sie duftet würzig und sauer, appetitanregend und lustvoll. In der ganzen Stadt riecht es nämlich nach Sauerkraut, dem Nationalgericht der Elsässer – selbst wenn die Deutschen im Ausland als „Krauts“ verlacht werden. Doch hier zeigt sich einmal mehr die verwandtschaftliche Nähe des Elsass zu einigen deutschen Regionen, denn erst Kriege und Politik haben die heutigen Grenzen geschaffen. Auch in Deutschland gehört Sauerkraut quasi zum festen Inventar der Küche und ist fast überall gern gesehen.

Sauerkraut wird aus Kohl mithilfe der Milchsäuregärung gewonnen. Zuckerbausteine des Kohls werden zu Milchsäure vergoren. Dadurch sinkt der pH-Wert des Krauts, was das sonst so empfindliche Vitamin C stabilisiert, die Bio-Verfügbarkeit des Eisens erhöht und das Kraut ohne Konservierungsstoffe haltbar macht. Die Milchsäuregärung macht das Kraut bekömmlich, verdaulich und gesundheitlich sehr wertvoll. Milchsäure wirkt unter anderem desinfizierend, abwehrstärkend und antikanzerogen.

UND WOFÜR SIE GAR NICHT SCHWÄRMT, WENN ER WIEDER AUFGEWÄRMT

Früher hieß es immer, man dürfe Spinat nicht wieder aufwärmen. Das ist mit Einschränkungen auch heute noch richtig. Säuglinge und kleine Kinder sollen nach wie vor keinen aufgewärmten Spinat essen. Erwachsenen dagegen macht dies nichts aus. Der Grund: Spinat kann große Mengen Nitrat enthalten, was im Prinzip unbedenklich ist, denn es wird einfach wieder ausgeschieden. Doch Nitrat kann sich zu Nitrit umbauen, das seinerseits wiederum Nitrosamine bildet. Diesen wird eine krebserregende Wirkung zugeschrieben, was allerdings wissenschaftlich nicht als gesichert gilt. Bei Babys kann aufgewärmter Spinat darüber hinaus zu Blausucht führen.

Spinat aus dem Treibhaus bringt höhere Nitratgehalte mit sich, weshalb Sie besser regional erzeugten Spinat der Saison kaufen sollten. Entfernen Sie die Stängel, waschen Sie den Spinat gründlich und kochen Sie ihn schonend. Hohe Temperaturen bei der Zubereitung begünstigen die Entstehung von Nitrosaminen, deshalb „runter vom Gas“.

Champignons können Sie übrigens bedenkenlos wieder aufwärmen. Die Empfehlung, dies nicht zu tun, stammt noch aus der Zeit, in der es kaum Zuchtpilze gab und überwiegend Wildpilze auf den Tisch kamen. Verwenden Sie nur frische Pilze und bewahren Sie diese nach dem Kochen im Kühlschrank auf.

JEDEM BÖHNCHEN SEIN TÖNCHEN

Bohnen sind Hülsenfrüchte und damit sehr reich an Ballaststoffen, die gut für die Verdauung sind. Dazu gehört die Cellulose, die in der Haut der Hülsenfrüchte steckt. Diese gelangt unverdaut in den Dickdarm, wo sie von Bakterien aufgespalten wird. Dabei entsteht Kohlendioxid und Methangas, welche die unangenehme Angewohnheit haben, als übel riechende „Luft“ aus dem Darm zu entweichen. Im Volksmund heißt dies „Furz“, in der Medizin „Flatulenz“.

Wer viel Ballaststoffe verputzt, hat weniger Probleme mit Blähungen, denn in seinem Darm tummeln sich mehr nützliche Bakterien, die sich der Cellulose widmen und sie verarbeiten. Die meisten Gase werden dann geruchlos über die Lunge abgeatmet. Der gute Rat lautet also: Nicht weniger, sondern mehr Hülsenfrüchte essen, zu denen auch Linsen und Erbsen gehören.

GUT FÜR DEN BAUCH

Hülsenfrüchte vor dem Zubereiten ausreichend einweichen und statt im Einweichwasser in frischem Wasser kochen. Pürieren macht die Hülsenfrüchte bekömmlicher. Als gute Begleitgewürze gelten Ingwer, Kümmel, Fenchel, Koriander, Majoran, Liebstöckel, Bohnenkraut, Thymian, Rosmarin und auch Senf.

AUS DEM SCHATTEN DER NACHT ZUM STAR

Die ursprüngliche Heimat der Kartoffel, die wie die Tomate zu den Nachtschattengewächsen gehört, ist das karge Hochland der Anden. Über Spanien und wenig später über Irland kam sie im Mittelalter zu uns. Doch die damaligen Kartoffeln hatten noch nichts mit den heutigen gemein. Sie sollen wesentlich kleiner und bitterer gewesen sein. Die ersten Anbauversuche verliefen kläglich. Für etwa 100 Jahre fristete die Kartoffel ein Schattendasein und wurde höchstens mal wegen ihrer niedlichen kleinen Blüten im Bauerngarten gesehen.

Die Kartoffel machte es den Menschen zunächst aber auch nicht leicht, ihren Nährwert zu entdecken: Viele aßen die grünen Samenkapseln statt der unterirdischen Knollen. Wegen des darin enthaltenen giftigen Solanins war dies ein tödlicher Irrtum, der den Ruhm der Kartoffel nicht gerade mehrte.

Den Iren sind die ersten erfolgreichen Anbauversuche zu verdanken. Irland ist auch heute noch eines der größten Kartoffelexportländer. Die ersten Kartoffelkulturen in Deutschland gab es zwischen 1640 und 1650 in Westfalen und Nürnberg. Die Knolle wurde zunächst an das Vieh verfüttert. Die Menschen waren von der Kartoffel noch nicht so begeistert und bauten lieber Getreide an.

Hundert Jahre später befahl Friedrich Wilhelm I. von Preußen den Kartoffelanbau. Sein Sohn, der „Alte Fritz“, ließ die Knollen unter Polizeiaufsicht in die Erde bringen. Damit rettete er seinen Untertanen im Siebenjährigen Krieg das Leben. Das wiederum verhalf der Kartoffel zu mehr Ansehen. Sie trat ihren Siegeszug an, um von der bloßen Sättigungsbeilage zum beliebtesten Grundnahrungsmittel zu werden.

WARUM LÄSST MAN JEMANDEN WIE EINE HEISSE KARTOFFEL FALLEN?

Da die Kartoffel sehr wasserhaltig ist, wird sie beim Erhitzen im Innern sehr, sehr warm. Darüber täuscht nach dem Ausdämpfen ihre trockene Schale hinweg. Deshalb greift manch einer beherzt zu einer heißen Kartoffel, um diese sogleich fallen zu lassen wie eine ebensolche. Denn sie ist höllisch heiß. Ehe man sich die Finger an ihnen verbrennt und deswegen in Teufels Küche kommt, lässt man auch gerne zwielichtige oder missliebige Zeitgenossen fallen wie eine heiße Kartoffel. Früher tat man heiße Kartoffeln in die Manteltaschen, um sich daran die Finger zu wärmen und die Knolle danach abgekühlt zu verputzen.

WO ROHE KRÄFTE SINNLOS WALTEN

Engagierte Vollwertköstler behaupteten lange Zeit, Rohkost sei am gesündesten für den menschlichen Körper. Das stimmt nicht, denn sowohl manche Gemüse als auch Getreide sind roh für den Menschen nicht verdaulich oder gar gefährlich. Die Zellen vieler Gemüsesorten werden erst durch den Garprozess so aufgeschlossen, dass die guten Inhaltsstoffe aufgenommen werden können. Jüngstes Beispiel dafür sind die wissenschaftlichen Erkenntnisse über die Tomate: Ihr Inhaltsstoff Lycopin, das als Schutz vor Arteriosklerose, Herzinfarkt und Krebs gilt, kommt in Tomatenpüree, -sauce oder -suppe in doppelt so großen Mengen vor wie in rohen Tomaten.

Kartoffeln müssen immer gekocht werden. Sie enthalten Solanin – ein Gift, das für Nachtschattengewächse wie Kartoffeln oder Tomaten typisch ist. Es steckt vor allem in grünen Stellen. Solanin wird weder durch Hitze zerstört, noch von Ihrem Verdauungssystem unschädlich gemacht. Beim Kochen geht es jedoch größtenteils ins Kochwasser über. Normalerweise ist der Solaningehalt der gekochten Kartoffeln gering und völlig unbedenklich. Um die als tödlich geltende Mengen von 400 Milligramm zu erreichen, müssten Sie etwa 20 Kilogramm rohe Kartoffeln auf einmal essen. Kartoffelkeime, grüne Stellen und Schalen von grünen Kartoffeln können allerdings so viel Solanin enthalten, dass Sie diese großzügig entfernen sollten. Lagern Sie die Kartoffeln dunkel und trocken und verwenden Sie das Kochwasser von Pellkartoffeln nicht mit.

Getreide und Hülsenfrüchte wie Linsen oder Bohnen werden durch Kochen überhaupt erst genießbar. Dadurch werden gesundheitsschädliche Inhaltsstoffe wie die Lektine inaktiviert. Andersherum werden Carotinoide aus Möhren um ein Fünffaches besser aufgenommen, wenn das Gemüse gekocht ist.

DAS MÄRCHEN VOM SPINAT HÄLT SICH EISERN

Erinnern Sie sich noch an die Empfehlung, Kindern viel Spinat zu geben, damit sie genügend Eisen für ihre Entwicklung bekommen? Damit wurde so manchem Kind der Genuss des herrlichen Spinats verleidet. Außerdem wurden gleich zwei Fehler gemacht: Zum einen gibt es Eisen in zwei Varianten, die Ihr Körper unterschiedlich gut verwerten kann – und im Spinat steckt leider das weniger gut verwertbare Eisen. Zum anderen waren die Mengenangaben für Eisen im Spinat einfach zu hoch angesetzt, denn sie bezogen sich auf die Trockensubstanz, die im Labor für

NUTZLOSES EISEN

Ernährungsmedizinisch ebenso unsinnig ist es, die Mahlzeiten in eisernen Töpfen zu kochen oder einen Apfel über Nacht mit Eisennägeln zu spicken und dann zu essen. Der seit Generationen überlieferte Trick funktioniert nicht, weil das auf diese Weise gewonnene Eisen mit Sauerstoff und organischen Säuren oxidiert und sich in schlecht verwertbares dreiwertiges Eisen umwandelt.

die Versuche verwendet wurde, und nicht auf frischen Spinat, so wie Sie ihn essen.

Pflanzliches Eisen aus Gemüse, Obst und Vollkorn ist „dreiwertig“ (FE III). Solche Eisenverbindungen werden im sauren Magensaft für die Darmschleimhaut unlöslich, der Körper kann also wenig damit anfangen. Der Organismus nutzt nur etwa ein bis fünf Prozent des rein pflanzlichen Eisens aus. Eine Ausnahme bilden dabei Bohnen, Sojabohnen und Sojaprodukte, dieses Eisen wird doppelt so gut genutzt. Spinat hingegen ist, ebenso wie Rhabarber, ein besonders schlechter Eisenspender da er Oxalsäure enthält, die das vorhandene Eisen vollends unverwertbar macht.

Eisen (FE II) tierischer Herkunft dagegen ist „zweiwertig“. Es bleibt auch im Magen gelöst und ist daher besser verwertbar. Immerhin wird tierisches Eisen bis zu 30 Prozent ausgewertet. Der Nutzen ist etwa zehnmal höher als der des pflanzlichen Eisens. Eine Ausnahme ist interessanterweise Leber: Sie enthält zwar sehr viel Eisen, aber leider dreiwertiges.

MILCH, KÄSE UND EIER

DAS EI DES KOLUMBUS

Wer eine pfiffige Antwort auf eine knifflige Frage oder eine unerwartet gute Lösung für ein schwieriges Problem gefunden hat, sagt gern, er oder sie hätte „das Ei des Kolumbus" gefunden. Woher dieses geflügelte Wort stammt, ist nicht wirklich bekannt. Eine beliebte Erklärung lautet, dass Kolumbus seinerzeit in einer illustren Runde die Frage geklärt habe, wie sich ein Ei auf die Spitze stellen ließe: Er nahm das Ei und setzte es so kräftig mit der Spitze auf den Tisch, dass hierbei die Schale zerbrach und das Ei einfach stand.

Findige Forscher haben indes andere Quellen für diese Geschichte zutage gefördert. So soll es der italienische Baumeister Fillipo Brunelleschi gewesen sein, der mit dem Eierschlag seinen Bauherren die Güte der Konstruktion eines Daches (die Domkuppel in Florenz) nachweisen wollte. Andere behaupten, die Story stamme aus dem Orient.

Der unvergessene Heinz Erhardt kam zu diesem „Forschungsergebnis":

KOLUMBUS

Als Kolumbus von seiner Amerikafahrt
Nach Spanien heimkam mit Gold und mit Bart
Und, hochgeehrt und umjubelt, schritt
Durch die Hauptstadt des Landes, nämlich Madrid.
Entdeckte er plötzlich da drüben rechts
Eine hübsche Person femininen Geschlechts.
Bei ihrem Anblick – was war schon dabei? –
Entschlüpfte ihm was, und zwar das Wort „ei" (...).
Seitdem sind sich die Forscher darüber klar,
dass das das „Ei" des Kolumbus war!

WORAN ERKENNEN SIE EIN FRISCHES EI?

Eier sind sehr empfindlich und schmecken heute oft richtig furchtbar. Die größten Unterschiede in der Qualität der Eier entstehen durch das Hühnerfutter. Testen Sie es einmal so: Schlagen Sie ein rohes Ei in ein sauberes Schraubglas. Schütteln Sie es ordentlich und lassen es zwei Stunden stehen. Hat sich dann die Flüssigkeit orange gefärbt, waren Farbstoffe im Futter. Riecht das Ei fischig, bekam das Huhn Fischmehl zu picken. Hartnäckiger Schaum ist ebenfalls ein Zeichen für minderwertiges Futter. Ein großes Problem von Eiern ist die mögliche Belastung mit Salmonellen – je älter die Eier, desto größer die Gefahr. Überdies können Medikamenten-Rückstände im Ei sein, wenn es sich nicht um ein Bio-Ei handelt.

Die Frische erkennen Sie daran: Schlagen Sie ein frisches Ei auf, so ist das Eigelb hoch gewölbt, das Eiweiß glasklar, relativ fest und glibberig. Je älter das Ei, desto flacher die Eigelb-Kugel und desto wässeriger das Eiweiß. Beim frischen hart gekochten Ei sitzt das Eigelb in der Mitte, beim alten ist es nach unten gesackt. Je älter ein Ei, desto schneller läuft das Eiweiß in der Pfanne aus.

Füllen Sie ein Glas mit Salzwasser und geben Sie das Ei hinein. Ein frisches Ei bleibt waagerecht am Boden liegen, ältere Eier, bei denen die Luftblase im stumpfen Ende größer geworden ist, stehen schräg auf der Spitze am Glasboden. Ganz alte Eier steigen richtig an die Oberfläche und dümpeln dort wie kleine Bötchen. Frische Eier sollten rasch verzehrt werden, weil sie dann noch all ihre guten Inhaltsstoffe besitzen und besser schmecken. Zudem vermehren sich die eventuell vorhandenen Salmonellen. Gekochte Eier halten sich länger.

WAS EIER VON ELSTERN UNTERSCHEIDET

Im Gegensatz zu Elstern mögen Eier keine Silberlöffel. Darüber hinaus kann der Silberlöffel dem Ei ebenfalls wenig abgewinnen.

Kommen die beiden zusammen, färbt sich der Löffel schwarz und das gekochte Ei schmeckt unangenehm metallisch. Verantwortlich für diese Reaktion ist der Gehalt an schwefelhaltigen Eiweißen des Hühnereis. Bei längerem Kochen – wie etwa bei Ostereiern – entsteht Schwefelwasserstoff, der sich mit dem Silber zu Silbersulfit verbindet. Die schwefelhaltigen Bestandteile sind auch für den hässlichen und schlecht riechenden grünen Rand am Eigelb verantwortlich. Solcherart gekochte Eier vermitteln den Eindruck, sie seien nicht frisch, was damit jedoch überhaupt nichts zu tun hat

Wenn Sie stilvoll Eier zum Frühstück verspeisen möchten, sollten Sie statt eines Silberlöffels einen echten Perlmutt-Eierlöffel auflegen. Diese gelten als besonders geschmacksneutral. Allerdings dürfen Perlmuttlöffel nicht in die Geschirrspülmaschine oder ins normale Spülwasser, da sie sich dort sowie bei Kontakt mit Essig in nicht garantiertes Wohlgefallen auflösen.

BESCHLAGENE LÖFFEL

Verfärbte Silberlöffel bekommen Sie so wieder sauber: Legen Sie in eine flache Schale ein Stückchen Aluminiumfolie, darauf geben Sie 1 Teelöffel Natriumcarbonat (Soda), legen das Silberbesteck dazu und gießen heißes Wasser hinein. Nach kurzer Zeit bilden sich kleine Bläschen, die den Belag gewissermaßen abtransportieren und Ihre Löffel wieder glänzen lassen.

WIE OSTERN ZUM EI KAM

Zu Ostern genießt das Ei im christlichen Abendland eine große Verehrung. Am Ostersonntag ist es wohl neben dem Lamm das verbreitetste Nahrungsmittel überhaupt.

Bereits im alten Ägypten galt das Ei als Zeichen von Fruchtbarkeit und Lebenskraft. Auch die frühen Christen verwendeten es gerne. Noch heute gilt es als Symbol für die Auferstehung Christi. Die alten Griechen erfanden gewissermaßen das Haushuhn und liebten ebenso wie die Römer das Ei zunächst mehr als das Geflügel. Im Mittelalter bezahlten die Bauern zum Frühlingsbeginn mit frischen Eiern ihre Pacht. Der Brauch, dass wir zu Ostern bunt bemalte Eier essen und verschenken, hat sich bis heute gehalten.

OSTEREIER: SELBST FÄRBEN MACHT GLÜCKLICH

Mit dem Verzehr Ihrer gekochten, bunten Ostereier können Sie sich etwa drei Wochen Zeit lassen. Wenn Sie fertige bunte gekochte Eier aus dem Supermarkt kaufen, können Sie sich mit dem Verzehr sogar vier bis sechs Wochen Zeit lassen. Nachteil: Sie wissen nicht, woher das Ei stammt, wie alt es ist und ob das Legehuhn „ein glückliches“ war. Wer auf Nummer sicher gehen will, verzichtet besser darauf.

Kaufen Sie sich lieber frische Bio-Eier – auch wenn sie etwas teurer sind – und färben Sie sie selbst. Dazu verwenden Sie einen Sud aus gelben oder roten Zwiebelschalen für gelbe oder rote Eier, Rote-Bete-Saft für rote Eier und Holunderbeer-Saft für blaue Eier. Das funktioniert auch schon bei Fünf-Minuten-Eiern. Lassen Sie Eier nicht länger als fünf bis zehn Minuten kochen, sonst zeigt sich die zwar ungefährliche, aber hässliche bläuliche Verfärbung zwischen dem Eigelb und dem Eiweiß.

AB IN DEN KÜHLSCHRANK

Um Eier länger frisch zu halten, werden sie im Kühlschrank aufbewahrt. Ab Legedatum halten sie sich dort drei bis vier Wochen. Nach zehn Tagen sollten Sie allerdings nur noch zum Backen oder Braten verwendet werden.

DAS MÄRCHEN VOM HIRSEBREI

Gekochte Milch ist für viele Menschen ein Gräuel. Denn durch das Kochen bildet sich eine Haut und der Geschmack der Milch verändert sich – sie schmeckt „abgekocht“. Auch das Kochen ist nicht ganz ohne, denn wie im Märchen vom Hirsebrei hat Milch die lästige Eigenschaften überzukochen und einen überaus penetranten Geruch zu verbreiten. Verantwortlich für diese Prozesse sind bestimmte Eiweiße in der Milch. Sie gerinnen während des Erhitzens, steigen an die Oberfläche und bilden dort die Haut, die viele so unangenehm finden. Während die Milch siedet, steigt vom Topfboden Wasserdampf auf, der jedoch die Milchhaut nicht überwinden und entweichen kann. Dadurch entsteht unter der Haut Druck, die Haut hebt sich irgendwann und bringt die Milch in kürzester Zeit zum Überkochen. Und sie läuft ohne Ende über den Topfrand und brennt an der Herdplatte fest. Frei gewordene Schwefelatome werden zu Schwefelwasserstoff und sorgen für den typischen Geruch von übergekochter Milch. Abhilfe schaffen Sie, indem Sie die Milch beim Erhitzen rühren und schlagen. Dann bildet sich aus den Eiweißen und der untergeschlagenen Luft ein Milchschaum.

DAS LAND, IN DEM MILCH UND HONIG FLIESSEN

Empfohlen hat Ihnen dieses Rezept garantiert schon Ihre Großmutter oder Urgroßmutter: Heiße Milch mit Honig befördert Sie schneller in das Märchenland der Träume, in dem Milch und Honig fließen. Das ist kein Gerücht! Dafür sorgt der hohe Gehalt an Tryptophan in der Milch. Das ist eine Aminosäure, die die Blut-Hirn-Schranke passieren kann und im Gehirn zu Serotonin umgebaut wird. Dieser Neurotransmitter spielt bei der Schlafsteuerung eine zentrale Rolle. Serotonin ist zudem ein Vorläufer des Melatonins aus der Zirbeldrüse, das das Schlafhormon schlechthin ist. Der Honig in der Milch sorgt mit seinen Kohlenhydraten dafür, dass die Aufnahme des Tryptophans im Gehirn erleichtert wird.

Eine Erhöhung des Serotonins im Gehirn ist nur über eine vermehrte Zufuhr von Tryptophan möglich. Dieses steckt als Eiweißbaustein in vielen pflanzlichen und tierischen Lebensmitteln. Dazu gehören Milch, Frischkäse, Quark, Käse, Hühnereier, Fleisch, Getreide, Brot, Teigwaren, Hülsenfrüchte und Kakao. Ergo auch Milch mit Honig.

WELCHE RECHNUNG MACHT DAS MILCHMÄDCHEN?

Wenn früher die jungen Mädchen und Mägde die frische Milch zum Verkauf trugen, erhielten sie dafür ihren Milchpfennig. In der Fabel „Das Mädchen und der Milchtopf“ beschreibt der Dichter Jean de la Fontaine, wie sich ein Milchmädchen nach einem erfolgreichen Verkaufstag geschickt mit ihren Milchpfennigen reich rechnet und ins Träumen gerät. Am Ende könnte sie sogar Besitzerin einer Kuhherde sein ... Doch schon am nächsten Tag stolpert die holde Maid und verschüttet ihre Milch. So ging ihre Rechnung nicht einmal im Ansatz auf. Milchmädchen-Rechnungen gelten seitdem als einfache Rechnungen, die sich jedoch leider nicht bewahrheiten. Aber man soll ja auch nicht über verschüttete Milch weinen ...

WIE KOMMT DER SCHAUM AUF DEN CAPPUCCINO?

Manche Lebensmittel, die im Urzustand flüssig sind, gehen durch engagiertes Schlagen vom flüssigen in den festen Zustand über. Das gilt vor allem für Sahne, Eier und Milch. Den Milchschaum auf Ihrem Cappuccino und die steif geschlagene Sahne auf dem Eis haben Sie diesem Umstand zu verdanken.

Beim Schlagen gelangt Luft in die Masse, und es entsteht Schaum. Je feiner die Bläschen, umso fester der Schaum. Mechanisch funktioniert dieser Vorgang auch mit Energie oder Dampf. Zu Hause mit dem Mixer oder dem kleinen Milchschaum-Rührstab vermengt sich die Milch durch die schnelle Rotation mit der umgebenden Luft. Bei Espresso- oder Kaffeemaschinen mit Aufschäumdüse wird heißer Wasserdampf in die Milch geleitet.

Eine technische Herausforderung für die Lebensmittelindustrie war es, bei den fertigen Kaffeemischungen aus der Tüte die Bestandteile so zu verarbeiten, dass der Cappuccino am Ende ebenfalls von einem festen Milchschaum gekrönt wird. Die Bildung dieses Milchschaums und dessen Stabilität sind aber letztlich noch ein ungelöstes Rätsel (außer vielleicht für den Lebensmittel-Multi Nestlé).

Schlagsahne braucht eine gewisse Fettstufe, damit sie durch das Schlagen fest wird. Ideal ist ein Fettgehalt von mindestens 30 Prozent. Je höher der Fettgehalt, umso besser lässt sie sich schlagen. Die Sahne sollte 24 Stunden vor dem Aufschlagen bei vier bis sechs Grad Celsius gelagert werden. Zum Ende des Schlagens legen sich die Fettkügelchen ganz eng wie eine Packung um die Luftbläschen, und der Schaum wird richtig schön steif. Dann machen Sie die Probe aufs Exempel: Halten Sie das Gefäß mit der geschlagenen Sahne mit der Öffnung nach unten über Ihren Kopf. Sie werden sofort erkennen, ob die Sahne steif genug war ...

EISCHNEE MACHT LOCKER

Auch das Eiklar bildet einen festen Schaum, wenn es ordentlich geschlagen wird. Der Eischnee wird für viele Gerichte als Lockerungsmittel gebraucht – so für Kuchen, Biskuits, Soufflès oder Aufläufe. Baiser besteht aus reinem Eischnee mit Zucker.

MARGARINE: ALLES IN BUTTER?

Man solle der Margarine den Vorzug geben, um sein Herz zu schützen, heißt es oft. Doch das scheint offenbar eine falsche Empfehlung zu sein: Zwar senken die in dem Streichfett enthaltenen pflanzlichen Sterine das gefäßschädigende LDL-Cholesterin. Doch bei Menschen, die rauchen oder unter Bluthochdruck leiden kann dadurch die Gefahr eines Herzinfarkts oder Schlaganfalls nicht gesenkt werden. Es häufen sich die Befunde, dass vor allem bei Risikopatienten, die sehr viel Pflanzenmargarine essen, die Entstehung von Herz-Kreislauf-Erkrankungen begünstigt wird, warnen jetzt Mediziner. Man weiß auch, dass Kinder, die aufgrund einer angeborenen Stoffwechselerkrankung vermehrt pflanzliche Fette aufnehmen, schon früh an schwerer Artheriosklerose erkranken.

Zudem schmeckt Margarine trotz aller Bemühungen der Lebensmittelindustrie nie so gut wie „gute Butter". Gehen Sie am besten generell maßvoll mit Streichfett um und verwenden dafür Butter. Margarine sollte keine gehärteten Fette enthalten. Um Margarine genießbar zu machen, sind Zusatzstoffe wie Gelatine, Emulgatoren, Konservierungs- und Aromastoffe notwendig. Das ist nicht unbedingt gerade das, was Ihr Körper braucht und Ihre Geschmackspapillen sich wünschen ...

WASSER UND FETT – EIN PAAR, DAS SICH NICHT LIEBT

Wasser und Fett sind nur schwer zusammenzubringen. Dennoch tun wir ihnen dieses häufig an – dem Geschmack zuliebe. Bestes Beispiel dafür ist die Mayonnaise, eine Öl-in-Wasser-Emulsion. Viele kleine Öltröpfchen, mit viel Geduld hineingeschlagen, geben dem Eigelb noch mehr Geschmack und machen die Masse wunderbar cremig. Beim Schlagen werden die Öltröpfchen immer kleiner und verteilen sich ganz fein. Das Lecithin im Eigelb wirkt dabei als Emulgator, es sorgt für eine längerfristige Bindung der widerspenstigen Partner. Auch Senf ist so ein Emulgator. Das Senfmehl bindet Ihre Mayonnaise oder auch eine Vinaigrette mit Essig und Öl.

Säuren wie Essig oder Zitronensaft – tröpfchenweise ins Eigelb oder in den Senf hineingerührt – unterstützen die Emulgatoren und machen die Masse noch beständiger. Diese beiden helfen aber auch, wenn Ihnen mal eine Mayonnaise zu dick geworden ist. Nehmen Sie am besten auch nur ein Ei, das reicht als Emulgator für eine Riesenmenge Mayonnaise. Zu viel Eigelb lässt die Masse nach rohem Ei schmecken, und das mögen die meisten Menschen nicht.

Die Zutaten sollten Zimmertemperatur haben, sonst weigern sie sich, den Pakt miteinander einzugehen. Es kann dann sein, dass Ihnen die Mayonnaise misslingt, indem sie gerinnt oder ausflockt. Das kann auch passieren, wenn Sie zuviel Öl verwendet haben. Abhilfe: Geben Sie etwas Wasser oder ein weiteres Eigelb hinzu. Dann heißt es, Schlagen ohne Ende ...

DAS GEHEIMNIS DES BUTTRIGEN

Fette sind sogenannte Geschmacksträger, denn viele Aromen und Geschmacksstoffe sind fettlöslich und entfalten sich erst in diesem Medium. Deswegen schmecken Speisen mit dem berühmten Stich Butter einfach noch mal so gut. Butter hat von allen Fetten das feinste Aroma, weswegen es unter die Geschmacksrichtung „umami“ fällt.

Ganz entschlüsselt ist das Geheimnis der guten Butter noch nicht. Sicher ist jedoch, dass ihr Aroma mit dem Futter der Kühe steigt und fällt. Gras, Heu und Kräuter steuern über die Milch ihre Geschmacksstoffe bei. Auch Aromen und Säuren, die bei der Rahmreifung und Rahmsäuerung entstehen, spielen eine tragende Rolle. Durch fein in der Butter verteilte Wassertröpfchen entsteht die frische Geschmacksrichtung der Butter. Beim Backen und Erhitzen entstehen weitere feine Aromen, die den anderen in nichts nachstehen.

Im Vergleich zu anderen Fetten oder Ölen hat Butter ein sehr breites Spektrum an Fettsäuren, die über unterschiedliche Schmelzpunkte verfügen. So werden die Aromen der Butter beim Erhitzen nach und nach freigesetzt. Fettsäure-Vorstufen sorgen für den cremig-buttrigen Geschmack. Butter gilt als besonders leicht verdaulich und wird daher auch für Krankenkost empfohlen. Und: Auch etliche Vitamine brauchen Fett, um wirken zu können.

MOZZARELLA: ALLES SPINNEREI

Pasta filata – das klingt nach einem leckeren Nudelgericht. Ist es nicht, hat aber über Umwege trotzdem etwas damit zu tun. Hinter dem Begriff Pasta filata verbergen sich typisch italienische Käse wie Mozzarella oder Provolone. Sie werden aus Kuh- und/oder Schafmilch hergestellt, nach dem Säuern mit heißem Wasser überbrüht, sodass die Käsemasse schmilzt und Fäden zieht. Danach wird sie geknetet und in Form gepresst oder zu Strängen gezogen („filare“ ist italienisch und bedeutet „spinnen“ oder „ziehen“). In der deutschen Käseverordnung sind Pasta-filata-Käse seit 1999 beheimatet.

Durch das Überbrühen werden Mikroorganismen und Enzyme außer Kraft gesetzt, die normalerweise bei Käse zur Reifung und Geschmacksausprägung führen. Pasta-filata-Käse reifen deswegen kaum und haben auch nur einen dezenten Eigengeschmack. Das prädestiniert sie für Gerichte, die überbacken werden.

KÄSE SCHLIESST DEN MAGEN

Käse isst man meistens zum Abschluss einer Mahlzeit, weil er, wie schon Plinius erkannte, den Magen schließt. Genuss-Experte Jean-Anthèlme Brillat-Savarin fand, dass ein Mahl ohne krönenden Käseabschluss wie eine schöne Frau mit nur einem Auge sei. Man glaubt, dass sich durch den Verzehr eines abschließenden Käsegangs der Pförtner des Magens schließt, der Speisebrei länger im Magen verbleibt und Sie so länger satt bleiben. Tatsächlich: Durch das im Käse enthaltene Milchfett wird Gastrin ausgeschüttet, das die Verdauung verzögert und bewirkt, dass die Nahrung länger im Magen bleibt. Käse macht also anhaltend satt und regt gleichzeitig die Fettverdauung an.

Übrigens ist es ein Gerücht, dass Käse und Rotwein besonders gut miteinander harmonieren. Beide sind eigenwillige „Geschmacksgranaten“. Manche Käse sind echte Rotweinkiller. Wenn Sie das nicht glauben, versuchen Sie mal einen „Stinker“ oder einen elsässischen Munster mit Rotwein in Ihrem Mund zusammenzubringen. Das schmeckt, wie ungewaschene Socken riechen! Besser passt zu vielen Käsesorten ein Weißwein wie Riesling, gern auch ein älterer, oder ein Süßwein. Die Säure des Weins hilft bei der Verdauung des Käses, während schwere Rotweine allergische Reaktionen hervorrufen können, indem sie die Wirkung des Histamins in bestimmten Käsesorten verstärken.

Käse kann außerdem die Zähne vor Karies schützen. Er stimuliert den Speichelfluss besonders kräftig, sodass der Zucker aus der Nahrung schneller vom Gebiss fortgespült wird. Außerdem hemmt er die Arbeit der Karies auslösenden Bakterien und sorgt mit Mineralien für die Stabilisierung des Zahnschmelzes. Käse hat einen niedrigen Kohlenhydrat- sowie einen hohen Kalzium- und Phosphatgehalt. Damit hilft er, den pH-Wert im Blut aufrechtzuerhalten und regt die Neubildung von Zahnschmelz und Speichel an.

WIE KOMMEN DIE LÖCHER IN DEN KÄSE?

Berühmt-berüchtigt sind die großen Löcher beispielsweise im Emmentaler Käse. Darüber, wie sie dort hineinkommen, gibt es so manchen Witz und noch mehr Vermutungen. So sollen die Löcher beispielsweise durch die Käsetester, die den Hals vom Naschen nicht voll bekommen können, in die Laibe geschlagen werden. Richtig ist, dass diese Krater bei der Reifung entstehen. Dann nämlich, wenn die zugesetzten Reifungskulturen Milchzucker und Milchsäure abbauen. Dabei wird, ähnlich wie bei einem Hefeteig, Kohlendioxid in kleinen Gasbläschen frei. Diese können durch die Käsemasse und die Rinde jedoch nicht hinaus. Sie sorgen deshalb für Hohlräume im Laib, in denen sich das Gas ausbreiten kann. Wie groß die Löcher sind, hängt von der Art des Käses ab. Bei Hartkäse dauert die Reifung mindestens drei Monate, etwas weichere müssen mehr als fünf Wochen reifen.

FISCH UND MEERESFRÜCHTE

WARUM MACHT DER KARPFEN BLAU?

Das hat nichts mit Faulheit oder mit der Vorliebe dieses Flossentieres für Alkohol zu tun. Er ist weder betrunken, noch wird er in Alkohol – beispielsweise Wein – zubereitet. Alle Süßwasserfische mit klarem Schleim auf der Haut können Sie „blaukochen". Dazu muss der Fisch jedoch ganz frisch geschlachtet sein, damit der Schleim noch ganz frisch ist. Der Fisch wird nicht gewaschen, sondern nur vorsichtig ausgenommen und innen gesalzen. Der Schleim ist eine Schutzschicht des Fisches und besteht aus hochkettigen Zuckermolekülen. Er zersetzt sich kurz nach dem Tod des Fisches, wird trüb und fleckig.

Ein Schuss Essig im Kochwasser hilft nach, damit ein durch die Hitze eingekochter dünner Film sich wie ein Lack über den Fisch zieht und für eine Lichtbrechung ins Blaue sorgt. Je mehr Essig Sie nehmen, desto intensiver färbt sich das Blau. Kochen Sie den Fisch in Salzwasser lediglich einmal auf und lassen Sie ihn dann gar ziehen, niemals kochen. Fisch mit einer versehentlich beschädigten Schleimhaut vorsorglich vor dem Kochen fünf Minuten in kaltes Wasser legen. Blaugekochten Fisch sofort mit ausgelassener Butter begießen und servieren.

Ist der Fisch nicht frisch, wird er häufig leicht angeritzt, damit die Haut aussieht wie aufgeplatzt – ganz so wie bei einem frischen Fisch. Frischer Fisch neigt außerdem dazu, sich beim Kochen etwas zu verbiegen. Diesen Eindruck versuchen manche

BLAUE SPIESSGESELLEN

Süßwasserfische, die Sie blaukochen können, sind außer Karpfen auch Forelle, Aal, Plötze, Renke, Saibling, Schlei, Wels und junger Hecht. In vielen Familien ist „Karpfen blau" das traditionelle Weihnachts- oder Silvestergericht.

Köche bei nicht so frischem Fisch zu erreichen, indem sie Kopf und Schwanz zusammenbinden, sodass sich der Fisch beim Kochen zwangsläufig ebenfalls biegt. Verdächtig: Spuren von Fäden auf der Fischhaut.

AALSUPPE – NUR ECHT OHNE AAL?

Ob in die Hamburger Aalsuppe nun Aal hineingehört oder nicht, darüber gibt es ebenso viele Meinungen wie Geschichten. Die einen glauben, dass die Suppe Aalsuppe heißt, weil „aals bin is" – also alles drin steckt, was die Küche vor allem an Resten bietet. Andere Zungen behaupten, der Name käme vom Aalkraut, dem Bohnenkraut. Wie auch immer: In Hamburg gibt es zwei Varianten dieser Suppe, einmal mit Aal, einmal ohne – letztere heißt meist „saure Suppe" oder „Specksuppe".

Kulinarisch interessanter ist auf jeden Fall die richtige Aalsuppe mit Aal (mancherorts mit frischem **und** geräuchertem Aal serviert) – auch wenn sich mancher Tourist angesichts der ungewöhnlichen Zutatenmischung (Schinken, Fisch, Backobst, Essig) vielleicht erst überwinden muss, sie zu bestellen. Versprochen: Es harmoniert alles miteinander!

Nach dem zweiten Teller Aalsuppe dürfen feine Herren übrigens das Jackett ablegen, so steht es in alten Benimmbüchern geschrieben. Denn die Suppe heizt ordentlich ein.

FISCHPÄCKCHEN – GEWICKELT, NICHT GESCHNÜRT

Japanische Reispäckchen – Sushi – mit verschiedenen Einlagen sind groß in Mode und werden am Trendigsten in Sushi-Bars serviert. Beliebt sind die geformten Röllchen mit einem Inhalt aus rohem Fisch, umwickelt mit Seetang. Alle Zutaten müssen roh und absolut frisch sein. Dazu werden grüner Tee, Würzsaucen und Ingwer gereicht.

Bei Sashimi handelt es sich ebenfalls um rohen Fisch, der mit Spezialmessern in hauchdünne Scheiben oder Würfel geschnitten wird. Sashimi-„Köche" gelten als Meister ihres Fachs (in ihrer Heimat werden die Fische übrigens meist bei lebendigem Leib filetiert). Als Zutaten werden ebenfalls Würzsaucen aus Soja oder Meerrettich (Wasabi), Ingwer- oder Zitronenscheiben, Seetang und Reis angeboten.

Der Run auf Sushi und Sashimi hat leider zwei negative Auswirkungen nach sich gezogen: Die Überfischung der Meere und eine zu hohe Jodaufnahme bei Menschen mit empfindlicher Schilddrüse. Die Tierärztliche Hochschule Hannover kam gerade zu der Erkenntnis, dass die rohen Fischgerichte der Sushi-Bars häufig sehr verkeimt sind, weil die Hygieneregeln nicht eingehalten werden. Sie empfiehlt, Tiefkühlprodukte zu bevorzugen, weil hier Lebensmittelkontrollen strenger sind.

WIE DER HERING ZUM BISMARCK KAM

Zu Zeiten der Reichsgründung galt Hering als Fisch der minderbemittelten Leute. Er war ein Billiggericht und galt als typisches Arme-Leute-Essen, das spottend auch „Beamtenlachs" oder „Knastforelle" genannt wurde, weil es so viele Heringe gab und sie deshalb entsprechend billig waren.

Der in einer Marinade aus Zwiebeln, Senfkörnern und Lorbeerblättern aufgegossene, eingelegte Hering verdankt seine Namensbezeichnung Otto Fürst von Bismarck, der das Bonmot prägte: „Wenn der Hering einen Taler kosten würde und so selten wäre wie Kaviar, dann gälte er als echter Leckerbissen." Bei diesem Imageproblem half der Reichskanzler der bedürftigen Fischindustrie und bekam dafür einen großzügigen Kredit, ohne dass ein Gutmensch „Weh und Aber" schrie. Bismarck, der dem Vernehmen nach sehr zur Völlerei neigte, wurde der Hering von seinem Leibarzt verordnet und das bis heute übliche Rezept des Bismarck-Herings von seinem Leibkoch entwickelt. „Wäre der köstliche Hering teurer, würde er den Leuten besser schmecken“, erkannte auch Alexandre Dumas in seinem „Grande Dictionnaire de Cuisine“, dem großen Lexikon der Kochkunst. Heute hat der Bismarck-Hering, der als Sommerfisch von Juni bis Dezember gefangen wird, diese Form des Sponsorings allerdings nicht mehr nötig, denn er wird geschätzt und gern genossen.

Hering gehört heute zu den Seefischen, die Sie auch aus Umweltgründen unbedenklich verzehren können – unter anderem weil die Bestände derzeit nicht überfischt sind und die Fische sehr jung auf den Tisch kommen. Zudem enthält der Hering viele besonders wertvolle Fettsäuren, die ihr Herz schützen.

MATJES

Der jungfräuliche Hering wird als Matjes verzehrt, was vom niederländischen Meisjes für Mädchen abstammen soll. Der Fisch wird noch auf See geschlachtet und sofort gesalzen.

SCHÄMT SICH DER HUMMER BEIM KOCHEN?

Krebse und Hummer werden erst beim Kochen so wunderbar rot – vor dem tödlichen Wurf ins kochende Wasser sind sie schwarzgrün. Dieser Farbwechsel hat natürlich nichts mit Scham zu tun, sondern liegt am Farbstoff Astaxanthin, der in den gekochten Schalen steckt und beim Kochen freigesetzt wird. Im schwarzgrünen Zustand ist er an bestimmte Eiweiße gebunden, die im heißen Wasser zerfallen.

Offiziell sollte Hummer übrigens mittels Elekroschock getötet werden, um ihm das Martyrium des Brühtods zu ersparen. Manchen Köchen und Fischhändlern passt das nicht unbedingt in den Kram. Doch Tierschutzorganisationen kämpfen seit Jahren darum, diese Tötungsart in Deutschland verbieten zu lassen. Denn der Todeskampf der Tiere im kochenden Wasser kann durchaus mehrere Minuten dauern. Wem will das schon schmecken?!

MUSCHELN: OHNE MOOS NICHTS LOS

Ihren unfreundlich klingenden Namen haben Miesmuscheln der Tatsache zu verdanken, dass sie häufig mit Algen überwachsen sind. Das sieht dann aus wie ein dichter Moosteppich. Und Mies heißt nichts anderes als Moos. Heute werden die Muscheln meist geputzt angeboten, sodass Sie gar nichts davon mitbekommen. Sie werden maschinell von Seepocken, Sand und Bärten befreit. Diese Muscheln brauchen Sie zu Hause nicht mehr zu wässern und zu putzen. Der Nachteil: Durch die maschinelle Reinigung werden die ja noch lebenden Muscheln so geschwächt, dass ihre Haltbarkeit beeinträchtigt ist. Deshalb sollten sie nach dem Kauf schnellstens in den Kochtopf wandern.

Ungeputzte Muscheln sind sandig und müssen mindestens eine halbe Stunde in Salzwasser gewässert werden, sonst haben Sie beim Essen Sand zwischen den Zähnen. Den Belag entfernen Sie am besten mit einer Wurzelbürste. Rohe Muscheln müssen geschlossen sein, beschädigte Muscheln müssen Sie aussortieren, Nur Muscheln, die noch lebendig und fest geschlossen sind, können Sie genießen. Nach dem Kochen ist es umgekehrt: Nun sollten Sie nur diejenigen verzehren, die geöffnet sind. Muscheln, die sich nicht geöffnet haben, gehören in den Abfall. Leider.

ALGENGIFT GEFÄHRDET DEN MUSCHELGENUSS

Hinter der Regel, Muscheln nur in den Monaten mit dem Buchstaben R zu verspeisen, steckt eine alte, aber triftige Entscheidung. Die Schalentiere haben in unseren Breiten in den Monaten September bis April Saison. In den warmen Sommermonaten laichen die Muscheln, dann ist ihr Fleisch nicht so prall und aromatisch. In den Monaten ohne R blühen zudem die Algen und bilden dabei Giftstoffe, die zu Muschelvergiftungen führen können. Die Giftststoffe können sich in gefährlichen Konzentrationen in den Muscheln anreichern, sodass sie für den Verzehr nicht mehr geeignet sind.

Früher waren außerdem in den heißen Sommermonaten die Transportbedingungen nicht optimal. Bis die Muschel beim Endverbraucher ankam, war sie oft schon gründlich verdorben. So entstand die Verzehrsregel, die eine scheinbare Diskriminierung der Monate ohne R mit sich bringt.

Heute regelt die EU-Gesetzgebung, dass ganzjährig sowohl die Aufzuchtsgebiete an den Küsten bezüglich Algen und Bakterien als auch alle für die Ernte von Muscheln wichtigen Küstenbereiche über ein Frühwarnsystem für Algentoxine kontrolliert werden. In den Reinigungs- und Verpackungszentren werden die Muscheln erst nach der Kontrolle auf ihre Unbedenklichkeit freigegeben. Dadurch kann das Risiko einer Muschelvergiftung durch Algengift oder eine bakterielle Verunreinigung in der warmen Jahreszeit erheblich vermindert werden. Eine geschlossene Kühlkette tut ihr Übriges. Dennoch sollten Sie sich meines Erachtens nach besser an die alte R-Regel halten.

Die Muscheln stammen heute vorwiegend aus deutscher und niederländischer Ernte. Da Muscheln nur so sauber und schadstofffrei sein können wie die Gewässer, in denen sie leben, bevorzugen Sie lieber einheimische Ware. Muscheln aus dem Südatlantik oder dem Mittelmeer sind stärker mit Kadmium belastet.

GEWÜRZE

SAFRAN MACHT DEN KUCHEN GEHL

Die Narbenfäden des *Crocus sativus* gelten als teuerstes Gewürz der Welt. Und deshalb auch als das fälschungsanfälligste. Im Mittelalter landeten Safranfälscher gelegentlich dafür auf dem Scheiterhaufen. Safran ist sowohl Gewürz als auch Färbemittel. Wenn Sie Safran in einen Hefeteig geben, bekommt er eine besonders schöne gelbe, buttrige Farbe und Kruste. Früher verwendete man Safran ebenfalls zum Färben von Kleidern.

Als Gewürz hat Safran eine sehr eigenartige Note. Er riecht intensiv, sein Geschmack ist eher bitter. Es eignet sich als Gewürz zu Fisch, Lammfleisch, Schalentieren, Käse, Gemüse und Gebäck. Legendär ist das Mailänder Risotto mit Safran. Das Gewürz wirkt appetitanregend und verdauungsregulierend.

Die Narbenfäden des Safran sind sehr klein und müssen von Hand geerntet werden. Für etwa 125 Gramm Gewürz müssen sage und schreibe rund 20.000 Narben geerntet werden. Hauptlieferant für Safran ist heute Spanien.

Gartenkrokusse liefern keinen Safran. Auch die Herbstzeitlose nicht, sie ist zudem hochgiftig! Aber auch Safran hat bei Überdosierung eine giftige Wirkung: Dann wirkt er wie ein Rauschmittel, löst Lähmungen und Vergiftungserscheinungen aus, kann Früh- und Fehlgeburten nach sich ziehen. Die tödliche Dosis liegt bei 10 g. Diese Todesart scheint jedoch nur für besonders begüterte Menschen reserviert zu sein.

ECHT SOLL ER SEIN

Lassen Sie sich nicht von „Safran-Schnäppchen“ auf Basaren oder Märkten verführen. Kaufen Sie niemals Pulver, sondern immer nur Fäden, die Sie dann kurz vor Gebrauch selbst mörsern. Und machen Sie die Wasserprobe: Safran färbt Wasser, Fälschungen hingegen nicht.

CURRY: EINE HITZIGE MISCHUNG

Curry ist heute für uns das typische Gewürz für indische Gerichte. Das uns bekannte Currypulver wird aus einer Mischung verschiedenster Gewürzen hergestellt. Darin sind meist Koriander, Chili, Kreuzkümmel, Senfsamen, Pfeffer, Bockshornklee, Kurkuma, Ingwer und Zimt enthalten. Das Wort „Curry" kommt aus dem Englischen und stammt vom tamilischen „Karri" ab.

Fertiges Currypulver ist in Indien unbekannt. Die Gewürze werden dort immer frisch gemischt und von Gericht zu Gericht verändert. Zudem hat jede Familie ihre eigene Mischung. Die vielen verschiedenen Gewürze haben alle eine wohltuende Heilwirkung auf Ihren Organismus, denn sie befreien Ihren Körper von „Hitzen und Giftstoffen", Curry ist appetitanregend und bekömmlich.

Am besten probieren Sie einmal aus, sich eine Currymischung selbst zuzubereiten. Dazu brauchen Sie beispielsweise:

2 Kardamomkapseln
1 TL Kurkuma
3 EL Currypulver (mild)
1 TL Paprikapulver (rosenscharf)
1 TL Kreuzkümmelsaat
1 TL Bockshornklee
1/2 TL selbst gestößeltes Ceylonzimtpulver

Kardamomsamen aus den Kapseln lösen, mit den übrigen Gewürzen ohne Fett in einer Pfanne 20 Sekunden bei mittlerer Hitze unter ständigem Rühren rösten. Mischung abkühlen lassen, in einen Mixer geben und sehr fein mahlen. In ein dunkles Schraubglas füllen. Mögen Sie es schärfer, geben Sie Senfkörner und getrocknetes Chilipulver hinzu.

GLUTAMAT LÄSST DIE WAAGE ÄCHZEN

Der in der Lebensmittelindustrie überaus gebräuchliche Geschmacksverstärker Glutamat verstärkt nicht nur Ihren Appetit, sondern auch die Ausschüttung des Wachstumshormons Somatropin. Dies hat eine Störung der Fettverbrennung zur Folge, wie Wissenschaftler der Universität Kiel kürzlich herausfanden. Zudem steigert es den Appatit. Das führt auf die Dauer zu Übergewicht, denn Sie nehmen einfach mehr Kalorien zu sich, als Sie brauchen.

Vielen Nahrungsmitteln und Speisen wird Glutamat als Zusatzstoff zugesetzt, um deren Geschmack zu intensivieren oder die Minderwertigkeit der Zutaten zu übertünchen. Gewarnt wird vor dem Genuss von Glutamat seit Längerem, weil es schon in kleinsten Mengen als Nervengift wirken soll und als Risikofaktor für Alzheimer und Multiple Sklerose gilt.

Glutamat kommt in vielen Lebensmitteln auch ganz natürlich vor – etwa in Tomaten, Pilzen, Fleisch, Fisch, Sojasauce und Hartkäse. Sie brauchen deshalb also keine Extraportion dieses Zusatzstoffes, die Sie dazu verführt, mehr zu essen, als Ihnen gut tut. Beim Einkaufen von Lebensmitteln sollten Sie immer auf die Zutatenliste schauen. Das am häufigsten verwendete Natriumglutamat verbirgt sich hinter der Bezeichnung E 621. Es steckt unter anderem in Wurst, Schinken, Suppe, Kartoffelchips, Fertiggerichten (Tiefkühlware) und Würzmischungen.

CHILI: GRANATE FÜR IHREN GAUMEN

Chilischoten gehören zu den Paprikaarten, obwohl man sie eigentlich bei etwas wesentlich Schärferem wie der Pfefferfamilie ansiedeln würde. Je kleiner die scharfe Chilischote ist, desto mehr Höllenfeuer steckt in ihr. Und rot muss sie sein. In richtiger Dosierung sind die roten, gelben, grünen oder orangefarbenen Früchte jedoch angenehm appetitanregend und gesundheitsfördernd, allerdings geschmacklich im-mer zuungunsten feinerer Aromen. Für die Schärfe verantwortlich ist der Inhaltsstoff Capsaicin. Er nimmt Einfluss auf Ihren Wärmehaushalt und erhöht die Hauttemperatur. Sie bemerken das als starkes Brennen auf der Zunge und spüren, wie Ihnen der Schweiß ausbricht. Darüber hinaus stimuliert es die Bildung von körpereigenen Opiaten, die Schmerzen dämpfen und angenehme Gefühle auslösen. Capsaicin-Extrakt steckt in manchen Rheumasalben und Wärmepflastern.

Entfernen Sie zum Kochen die Kernchen im Inneren der Schoten. Und ziehen Sie dabei am besten Gummihandschuhe an, denn auch Hautkontakt oder versehentliches Augenreiben kann zu feurigen Qualen führen.

Wenn Sie einmal den Mund zu voll genommen haben, greifen Sie besser nicht zum Wasserglas. Denn Wasser verteilt die Schärfe nur. Verzichten Sie auch auf heiße, saure oder kohlensäurehaltige Feuerlöscher. Trinken Sie Milch oder Bier. Auch Joghurt oder Sauerrahm hilft. Das Milchfett beziehungsweise der Alkohol löst das Capsaicin vom Gaumen.

Für empfindliche Mägen ist der Genuss der scharfen Schoten nicht zu empfehlen. Der übermäßige Verzehr kann zu Verätzungen von Magen und Darm führen – insbesondere, wenn Sie an das Teufelszeug nicht gewöhnt sind.

FEURIGE VIELFALT

Es gibt etwa 100 Chilisorten in 120 Schärfegraden, die in Scoville-Einheiten gemessen werden. Cayennepfeffer ist immer eine Mischung mehrerer scharfer Chilisorten.

DAS SPRICHWÖRTLICHE KÖRNCHEN SALZ

Mit einer Prise Salz – cum grano salis – machen Sie Ihr Essen schmackhaft und manches erst genießbar. Doch allzu viel ist ungesund. Deswegen achten Gesundheitsbewusste, Herz- und Bluthochdruckkranke auf ihren Salzkonsum. Zunächst einmal ist Natrium – ein Bestandteil des Kochsalzes – für die Vitalität und

Funktionsfähigkeit Ihres Körpers unverzichtbar. Als Bestandteil unserer Körperflüssigkeiten spielt Salz eine wichtige Rolle. So reguliert es beispielsweise die Druckverhälnisse innerhalb und außerhalb der Körperzellen.

Da der Organismus es nicht selbst bilden kann, muss es über die Nahrung aufgenommen werden. Weil Natrium die Eigenschaft besitzt, Wasser an sich zu binden, wächst mit steigendem Natriumgehalt des Körpers das Blutvolumen und gleichzeitig der Druck in den Blutgefäßen – was einen Zusammenhang zwischen Salzkonsum und Bluthochdruck nahelegt. Doch bekannt ist inzwischen, dass nicht alle Menschen empfindlich auf Salz reagieren, dafür aber auch Menschen mit normalem Blutdruck.

An Salz zu sparen kann auch riskant sein. Gerade bei älteren Menschen unterdrückt salzarme Kost das Durstgefühl, sodass sie zu wenig trinken. Dadurch wird unter anderem ihre geistige Leistungsfähigkeit beeinträchtigt. Der Lebensmittelchemiker Udo Pollmer verweist zudem auf zwei neuere Studien, nach denen die Einschränkung des Salzverzehrs Herz- und Kreislauferkrankungen fördert und die Sterblichkeit erhöht. Am meisten hilft wohl die Formel des Paracelsus: Die Dosis macht, was Gift ist.

GANZ SCHÖN GESALZEN

Wir essen etwa fünf- bis fünfzehnmal mehr Kochsalz, als uns guttut. Das meiste stammt von versteckten Salzen in Wurst, Brot und Käse. Vor allem in Fast Food und industriell gefertigten Lebensmitteln versteckt sich oft viel Salz. Sechs Gramm täglich gelten als maximaler Richtwert. Das ist etwa ein Teelöffel Salz. Salzen Sie Ihr Essen mit ein bis zwei Gramm am Tag, zusätzlich zu dem, was fertig auf den Tisch kommt. Das sollte reichen.

SALZ IST SALZ IST SALZ

In der Esoterikszene ist das kristalline Salz vom Dach der Welt ein Renner. Das Himalaja-Salz soll „energetische Stärke“ bescheren, Gicht, Arthrose und Krebs heilen. Die „hochwertigste Form von Natursalz“ wird als „Essenz des Urmeeres“ mit geheimnisvollen Energieschwingungen gepriesen. Rosstäuscherei, sagen die Wissenschaftler. Denn: Salz ist Salz ist Salz! Zumindest chemisch gesehen. Wissenschaftlich bewiesen ist gar nichts. Wie bei vielen Mitteln und Methoden der alternativen oder esoterischen Heilweisen sind die Phänomene und Schwingungen, auf denen die Wirkungen beruhen sollen, nicht messbar.

Himalaja-Salz besteht wie gewöhnliches Kochsalz zu mindestens 97 Prozent aus Natriumchlorid. An der chemischen Formel ändert der feste Glaube nichts. Der Mineralstoffgehalt, der von den Verfechtern so hochgelobt wird, sei so gering, sagt die Stiftung Warentest, dass er keinerlei gesundheitliche Wirkung ausüben kann. Er trage nicht einmal einen nennenswerten Beitrag zur Bedarfsdeckung bei.

Allein die Werbebezeichnung Kristallsalz – so sagen die Kritiker – spräche Bände, denn jedes Salz habe einen kristallinen Aufbau. Der schonendere Abbau des Salzes sei ebenfalls eine Werbemär, auch dieses Salz werde mit Maschinen abgebaut und nicht per Hand abgepickelt. Himalaja-Salz ist also nicht schlechter als normales Salz, aber auch nicht besser. Dafür können Sie jedoch locker bis zu 30 Euro pro Kilo berappen. Ganz schön gesalzene Preise also. Unumstritten ist inzwischen der gesundheitliche Nutzen von Speisesalz, dem Jod, Fluor oder Folsäure zugesetzt wurde.

WERTVOLLES ERBE AUS MEER UND GESTEIN

Ehemals gehörte Salz zu den seltenen, weil teuren Gewürzen. Denn nicht zu allen Zeiten war es so leicht und so preiswert zu haben wie heute. Noch bis ins vergangene Jahrhundert hinein waren die Salzquellen schwer zugänglich. Es wurde um Salz gekämpft, mit ihm gehandelt und bezahlt. Salz als Zahlungsmittel brachte uns den Ausdruck „gesalzene Preise" ein. Es wurde gehortet und von zahlreichen Staaten mit Steuern belegt. Die römischen Soldaten erhielten ihren Sold – das Salarium, heute noch im Begriff Salär vorhanden – in Form von Salz. Bis in unsere Tage darf in Italien beispielsweise Salz wegen der Salzsteuer offiziell nur in bestimmten Läden – den so genannten „Sale e Tabacchi" – verkauft werden.

Salz wird durch den Abbau von Steinsalzlagern, durch Eindampfen von Sole oder Austrocknen von Meerwasser gewonnen. Nach seiner Gewinnungsart heißt es dann Stein-, Siede- oder Meersalz. Etwa 30 Prozent der jährlich verbrauchten Mengen kommen aus dem Meer oder salzhaltigen Binnenseen. Deutschland zählt mit seinen sieben Salzbergwerken und sechs Salinen weltweit zu den großen Produzenten. Etwa 12,5 Millionen Tonnen Salz werden jährlich gewonnen, drei Prozent davon wandern in unser Essen. Der Rest ist Industriesalz.

Damit die weißen Kristalle rieselfähig bleiben und nicht klumpen oder gänzlich „zusammenbacken", werden heute Na-

SALZIGE KOSTBARKEIT

Laut Kennern soll das geschmacklich beste Meersalz, das Fleur de sel, entweder aus der Carmargue oder aus der Guèrande stammen. Aber auch das englische Maldon Sea Salt bekommt gute Noten. Allen gemeinsam ist, dass sie recht teuer sind. Denn sie stehen nur in begrenzten Mengen zur Verfügung und müssen schonend mit der Hand von der Oberfläche abgeschöpft werden. Nehmen Sie es zum sorgsamen Würzen. Zum Kochen empfehle ich Ihnen ganz normales Kochsalz.

trium- und Kaliumkarbonate sowie gelbes Blutlaugensalz zugesetzt. Speisesalz ist in verschiedenen Korngrößen erhältlich. Das gröbere Korn wird für Laugenbrezel, Salzmühle oder Salzkrusten verwendet.

DOCH MEER ALS SALZ

Chemisch betrachtet ist Salz gleich Salz. Doch das Meersalz wird einhellig von Köchen und Feinschmeckern über den grünen Klee gelobt. Das bezieht sich jedoch weder auf seine gesundheitlichen noch seine „esoterischen" Eigenschaften, sondern ausschließlich auf seine geschmacklichen Qualitäten. Es ist insgesamt etwas feuchter als unser normales Tafelsalz, dadurch etwas weniger salzig und hat besondere Geschmacksnoten nach Meer und Algen. Es schmeckt also nicht nur nach Salz, sondern würziger als normales Salz.

Zudem hat jede Sorte Meersalz ihre eigene Konsistenz. Manch eines ist grobkörniger, ein anderes feuchter als die übrigen Meersalzsorten. Wenn Sie Meersalz erst kurz vor dem Essen über Ihre Speisen geben, können Sie kleine salzige Explosionen auf Ihrer Zunge erleben, was ein interessantes Erlebnis sein kann. Die gröberen Kristalle des Meersalzes schmelzen einfach schneller als das rieselfeine Salz aus Ihrem Streuer.

DAS DEFINITIV VORLETZTE WORT ÜBER ZIMT

Allgemein gilt Zimt als besonders gesundes, wärmendes Gewürz. Gewarnt wurde jedoch kürzlich von verschiedenen – auch offiziellen – Institutionen vor Zimtgebäck und zimthaltigen Lebensmitteln. Die Organisation *foodwatch* forderte in der Adventszeit 2006 gar eine Rückholaktion für Zimtsterne und Co., weil in ihnen die zulässigen Grenzen für den Zimtinhaltsstoff Cumarin überschritten seien. Der in der Lebensmittelindustrie meist verwendete, weil billigere Cassia-Zimt bringt einen hohen Anteil des Inhaltsstoffes mit sich. Dieser kann schon in kleinen Mengen zu Leberschädigungen führen. In Stichproben der Lebensmittelkontrolle wurde festgestellt, dass in Weihnachtsgebäck die festgelegten Grenzwerte tatsächlich teils beträchtlich überschritten waren. Da wird es für Kinder ab drei Zimtsternen, für Erwachsene ab 15 brenzlig.

Seit einiger Zeit werden in Deutschland auch Nahrungsergänzungsmittel und diätetische Lebensmittel mit einem hohen Anteil an Zimt oder Zimtextrakt angeboten. Sie sollen unter anderem den Blutzuckerspiegel bei Diabetes senken. Dazu teilten das Bundesinstitut für Arzneimittel und Medizinprodukte und das Bundesinstitut für Risikobewertung mit, dass die regelmäßige Einnahme der empfohlenen Zimtmengen im Gramm-Bereich gesundheitlich nicht anzuraten sei.

In der Küche können Sie bedenkenlos Zimt verwenden, sofern Sie Ceylon-Zimt nehmen. Dieser ist cumarinfrei. Kaufen Sie Stangen und mahlen Sie Ihr Zimtpulver selbst. Im gekauften Zimtpulver steckt meist Cassia-Zimt, und das ist obendrein nicht deklariert. Zimt hat durch seine ätherischen Öle eine antibakterielle, desinfizierende und entzündungshemmende Wirkung. Es regt die Verdauung an, lindert Darmverstimmungen und wirkt anregend auf das Herz-Kreislauf-System.

SÜSSE VERFÜHRUNGEN

NEKTAR UND AMBROSIA – SPEISEN DER GÖTTER

Davon träumt die Welt noch heute: eine Speise, deren Genuss allein einen jung und frisch erhält. Doch das scheint den Göttern vorbehalten. Nektar und Ambrosia waren in den alten Mythen solche Götterspeisen, die den jeweilig amtierenden Göttern zu ewigen Leben im Götterhimmel verhelfen sollten. Manna, das vom Himmel regnete, half den Israeliten beim Auszug aus Ägypten „über die Runden". Die nordischen Götter tranken Met, ein alkoholisches Getränk, das ihnen wohl Flügel verleihen sollte. Wie auch immer, leider vergaßen alle Götter, uns die entsprechenden Rezepte in einer göttlichen Eingebung zukommen zu lassen.

Heute ziert die Götterspeise unter der Bezeichnung „Wackelpudding" vor allem bei Kindergeburtstagen unsere Tische. Besonders beliebt ist der giftgrüne Gelatine-Glibber mit Waldmeister-Aroma oder der neonrote mit Himbeer-Geschmack. Als Fertigprodukt ist der Wackelpudding schnell zubereitet und wird meist mit Vanillesauce oder süßer Sahne serviert. So ist er auch in Kantinen und einfachen Restaurants als Nachtisch beliebt.

ARMER RITTER – MAGERER NACHTISCH

Heute ist der arme Ritter fast in Vergessenheit geraten. Einst war er jedoch ein typischer und preiswerter Nachtisch, der aus altbackenem Brot, Milch und Kompott zubereitet wurde. Seine ursprüngliche Geschichte soll sich den Erkenntnissen von Genuss-Autor Udo Pini nach so zugetragen haben:

Zu Zeiten des Dreißigjährigen Krieges galt der „Arme Ritter" als „magerarmes" Notessen – es handelte sich um eine gebackene

Semmelschnitte, „über welche Eier geschlagen werden" und die „in Elendsfett" gebacken wurden. Diese aß auch der verarmte Adel, um satt zu werden. Später änderten sich die Zeiten, den Rittern ging es besser, und sie konnten sich anderes Essen erlauben. Heute werden Zwieback, Weißbrot oder Brötchen in Milch oder Eiermilch eingeweicht und in Butter gebraten, mit Zimt und Zucker bestreut, mit frischem Kompott, Weinschaum oder Vanillesauce serviert. Das schmeckt dann gleich gar nicht mehr so ärmlich.

JEDER KEKS EIN STÜCKCHEN GLÜCK

Glückskekse sind eigentlich Scherzkekse, doch als diese weniger erkannt. Genau genommen sind sie nämlich geschmacksfrei. Doch der Witz steckt ohnehin in ihrem Inneren: Eine kleine papierne Botschaft ist in ihnen eingebacken, die eine freundliche Geste und eine Art Glücks-Wunsch sein soll. In vielen Chinarestaurants erhalten Sie inzwischen diese denn auch Glückskekse genannten winzigen Gebäckstückchen zum Abschied. Was daherkommt wie ein alter chinesischer Brauch, ist gar keiner. Ein chinesischer Abkömmling in Los Angeles soll sie 1918 erfunden haben, um sie als kleine Ermutigung an arme Menschen zu verteilen.

In einer anderen Entstehungsgeschichte spielt ein Japaner eine Hauptrolle: Er hatte San Francisco gerade den japanischen Teegarten im Golden Gate Park beschert, als er vom „antijapanisch" eingestellten Bürgermeister entlassen wurde. Der Nachfolger machte dies wieder rückgängig, und der Geschmähte bedankte sich bei allen Unterstützern mit Glücks-

DIES UND DAS

Übrigens ist auch Chop suey kein original chinesisches Gericht, sondern ebenfalls von einem chinesischen Abkömmling in Amerika erfunden. Es ist eine Art Resteessen aus marinierten Fleischstreifen, aufgepeppt mit allerlei Gemüse und Gewürzen wie Ingwer und Sojasauce. Chop suey ist kantonesisch und bedeutet „dies und das".

keksen. Nach dem Zweiten Weltkrieg begannen die mit Allerweltsweisheiten gespickten Teigbeutelchen ihren Siegeszug als Abschiedsgabe durch die Chinarestaurants. 1964 erfand der Amerikaner Edward Louie die Glückskeksfaltmaschine. In marktführenden Unternehmen werden heute zwei Millionen glückliche Kekse am Tag in derartigen Maschinen gefaltet.

BAISER: WOHER WEHT DER SPANISCHE WIND?

Er kommt eher aus Richtung Frankreich als aus Spanien. Bei den Franzosen heißt das früher in Deutschland auch Spanischer Wind genannte Eiweißschaumgebäck Baiser, weil seine schaumgeborene Leichtigkeit an einen süßen Kuss der Jugend erinnert. Genau genommen kommt das Gebäck jedoch aus der Schweiz, wo es 1720 von einem wahrscheinlich italienischstämmigen Konditor in Meiringen im Berner Oberland erstmals gebacken wurde. Dies trug ihm den Namen Meringe, Meringel, Merinken beziehungsweise Meringue ein. Oft wird das Gebäck ausgehöhlt und mit Füllungen aus Obst angeboten.

Die Schaumküsse sind auch in anderen Ländern heiß geliebt. Köstlich munden beispielsweise die italienischen „Baci di Imperia“ (Küsse von Imperia), die mit Kakao zubereitet werden. Nicht vollständig bestätigten Gerüchten zufolge soll der Vater der Meringe ein aus Italien eingewanderter Zuckerbäcker namens Gasparini oder Casparini gewesen sein. Unbekannte Dokumente sind angeblich gleich mehrfach Opfer von Feuersbrünsten geworden. Ein beliebtes Argument für die Italiener-Version: Bei der Zubereitung der italienischen Zabaione sei so viel Eiweiß angefallen, dass der pfiffige Konditor aus Meiringen nach einer Weiterverwendung sann. Ziemlich sicher scheint es zu sein, dass das Gebäck dann seinen Weg über Frankreich nahm. Und der Spanische Wind? Weiterhin eine überaus leckere Schaumschlägerei.

FREISPRUCH FÜR EINEN SÜSSEN SCHURKEN?

Zucker macht dick und dumm, führt zu Bluthochdruck und Diabetes, heißt es immer wieder. Zucker steckt in fast allen industriell gefertigten Lebensmitteln – nicht nur in Süßspeisen oder Kindernäschereien, auch in Fischsalat oder Königsberger Klopsen wird er hineingemixt. Die meisten Menschen essen infolgedessen zu viel Zucker. Doch der Zucker wird zu Unrecht verteufelt, denn für Diabetes und Bluthochdruck sind vor allem Übergewicht und Bewegungsmangel verantwortlich, nicht der Zucker selbst. Wenn Sie einigermaßen normalgewichtig sind, kann Ihnen Zucker nicht wirklich etwas anhaben. Dass Zucker dumm macht, weil er langfristig den Blutzuckerspiegel absenkt und dadurch dem Gehirn Futter fehlt, gehört ins Reich des Blödsinns. Wenn dem so wäre, würde der Mensch an Unterzuckerung sterben.

Derzeit kreist die Mär vom „gutem" Zucker umher. Brauner Zucker, Fruchtdicksäfte oder Fruchtzucker sollen im Gegensatz zum Haushaltszucker gesünder und wertvoller sein. Ihrem Körper ist es jedoch egal, um welchen Zucker es sich handelt. Zucker ist Zucker. Kalorienmäßig nehmen sie sich alle nichts. Von den propagierten Vitaminen und Mineralstoffen ist nach der industriellen Bearbeitung meist nichts mehr übrig. Um beispielsweise Ihren Tagesbedarf an Vitamin B1, B2 oder B3 zu decken, müssten sie 10 bis 20 Kilo braunen Zucker essen. Traubenzucker hält ebenfalls nicht, was Ihnen versprochen wird. Zwar geht er schnell ins Blut über und spendet rasch Energie, doch hat er einen sprunghaften Absturz des Blutzuckerspiegels im Schlepptau. Es folgt postwendend eine starke Unterzuckerung, die den Appetit auf einen neuerlichen Zuckerverzehr auslöst. Das wiederum kann Ihre Bauchspeicheldrüse belasten.

Gerade die als natürlich und gesund propagierten Zucker in Sirup, Dicksäften oder Honig kleben zudem länger an den Zähnen als Kristallzucker. Fazit: Verwenden Sie den Zucker, der Ihnen am besten schmeckt, in Maßen, nicht in Massen.

ALLROUND-MEDIKAMENT SCHOKOLADE

Die allerbeste Nachricht für Süßschnäbel: Schokolade macht nicht nur glücklich, sie macht auch gesund. Sie senkt den Blutdruck, lindert Schmerzen und Liebeskummer. Mäßiger Genuss soll sogar die Lebenserwartung um ein Jahr verlängern. Also Schluss mit dem schlechten Gewissen!

„Ich will keine Schokolade, ich will lieber einen Mann!", sang die Schlagersängerin Trude Herr vor etlichen Jahren. Hätte sie gewusst, was uns heute die Wissenschaft präsentiert, wäre ihre Wahl vielleicht doch auf die Schokolade gefallen. Xocolatl war schon vor mehr als einem halben Jahrtausend der Stoff, aus dem die Träume sind. Bereits damals mixten sich die Azteken aus Kakaobohnen, Maismehl, Zimtrinde, Vanille, Honig und Chili eine Art Schokolade. Für sie war Kakao der Trunk der Götter – vor allem wegen seiner aphrodisierenden Wirkung. Heute wird für die liebessteigernde Wirkung die Substanz Phenethylamin verantwortlich gemacht. Derselbe Stoff wird im Gehirn von Verliebten in erhöhter Menge ausgeschüttet. Die Kakaobutter enthält den Eiweißbaustein Tryptophan, eine Aminosäure, die im Gehirn ins glücklich machende Hormon Serotonin umgewandelt wird. Dunkle Schokolade ist dabei wirkungsvoller als die helle.

Die heute so beliebte Milchschokolade wurde erst 1875 erfunden, natürlich von einem Schweizer. Voraussetzung dafür war die Verarbeitung der Milch zu Milchpulver. Entscheidend verfeinert wurde die Schokoladenherstellung hauptsächlich von Rudolf Lindt – ebenfalls einem Schweizer. Nach seinem Verfahren wird die Schokoladenmasse bis zu 80 Stunden in speziellen Behältern gerieben und geknetet – conchiert. Dadurch bekommt sie mehr Aroma und eine weichere Konsistenz. Je mehr sie gerührt wird, umso mehr Schmelz hat sie und umso teurer wird sie verkauft.

„Die Chokolate getrunken oder gegessen, nützet dem kalten Magen, dienet der Brust, ist wider den Husten, vertreibet den Schwindel, resolviret den zähen Schleim, stärket den Lebensbalsam, und reizet zum Beischlaff."

Aus: Christian Rätsch „Indianische Heilkräuter"
Diederichs Gelbe Reihe, München

EIN FALL FÜR DIE SCHOKO

Unmittelbar vor der Menstruation verzeichnen viele Frauen eine gesteigerte Lust auf Süßgkeiten und Fettes. Da ist Schokolade geradezu ideal. Eine Stimmungsverschlechterung vor den „Tagen" wird auf das Abfallen des Serotonin-Spiegels zurückgeführt. Die inhaltsreiche Kombination von Schokolade bewirkt indirekt einen Anstieg des Serotonins. Dadurch wird auch die Schmerzempfindlichkeit gesenkt. Die Schokoladenbestandteile Theobromin und Koffein machen munter. Magnesium wirkt Stress entgegen und entkrampft. Das hat womöglich einen wohltuenden Einfluss auf Unterleibskrämpfe. Schokolade enthält ebenfalls noch einen Stoff namens Ananamid, der ähnliche Wirkungen entfaltet wie das THC aus Cannabis. Er steigert das Wohlbefinden und macht euphorisch.

Die schmerzlindernde Wirkung wird außerdem zwei weiteren Bestandteilen der Schokolade zugeschrieben, dem Zucker und der Aminosäure Tryptophan. Aufgrund des hohen Zuckeranteils und einiger biochemischer Prozesse, die dadurch ausgelöst werden, gelangt verstärkt Tryptophan ins Gehirn, wodurch im Endeffekt die Schmerzschwelle gesenkt wird. Dieser positive Effekt bleibt allerdings nur 60 bis 90 Minuten nach dem Verzehr erhalten. Danach steigt das Verlangen nach mehr und bringt womöglich auch das eine oder andere Kilo zu viel auf den Rippen mit sich.

SÜẞSTOFFE: KEINE KALORIEN, TROTZDEM HÜFTGOLD

Es träumt sich so schön: Süßgenuss ganz ohne Reue ... Süßstoffe gehören zu den künstlichen Substanzen, die heute vielen Lebensmitteln zugesetzt werden. Ihre starke Süßkraft wird verwendet, um Kalorien einzusparen, aber auch um minderwertigen oder faden Zutaten überhaupt erst einen Geschmack zu verleihen. Doch die Kunstsüße macht nicht schlank, sondern noch hungriger, dick, süchtig und gefährdet zudem Ihre Gesundheit.

Nach einer Studie des Krebsforschungszentrums von Bologna löste beispielsweise die Substanz Aspartam im Tierversuch Leukämie, Lymphdrüsenkrebs und Hirntumore aus. Das Bundesinstitut für Risikobewertung (BfR) sieht momentan jedoch keinen Grund zur Panik. Nach der Mehrzahl der Studien gilt Aspartam als sicher. Doch Wachsamkeit ist angebracht.

Was das angebliche Abnehmen durch den Verzehr der kalorienfreien Süße angeht, lässt sich Ihr Körper leider gleich zweimal täuschen.

Erstens: Bereits auf Ihrer Zunge löst der süße Geschmack einen Reflex aus. Dieser regt Ihre Bauchspeicheldrüse an, Insulin auszuschütten. Da Ihre Bauchspeicheldrüse den Unterschied von Zucker und Süßstoff nicht „kennt“, hält sie den süßen Geschmack automatisch für Zucker. Das „voller Vorfreude“ ausgeschüttete Insulin läuft zunächst ins Leere, weil Süßstoff keinen Zucker liefert, den das Hormon der Bauchspeicheldrüse abbauen könnte. Da greift das Insulin „in seiner Not“ auf den vorhandenen Blutzucker zurück, Ihr Blutzuckerspiegel sinkt und: Sie bekommen jetzt erst recht Heißhunger auf Süßes. Das bedeutet für Sie: Süßstoff macht Sie hungrig.

Zweitens: Süßstoff wirkt appetitanregend. Das wurde in mehreren Studien nachgewiesen. In der Schweinemast werden Süßstoffe übrigens schon seit Jahren erfolgreich zur Gewichtssteigerung eingesetzt.

WEIN, WASSER UND ANDERE GETRÄNKE

KOMMT SCHNELL, ICH TRINKE STERNE!

Das soll der französische Benediktinermönch Dom Pierre Pérignon (um 1638–1715) ausgerufen haben, als er die ersten Schlucke des jungfräulichen Champagners kostete. Champagner gilt seither als das Symbol feiner Lebensart schlechthin. Seit 1919 (Vertrag von Versailles) darf sich nur Champagner nennen, was original aus der Champagne kommt. Prickeln muss das Getränk obendrein. Als sein Erfinder wird der besagte Mönch Pérignon gefeiert. Ihm lag der Weinbau seines Klosters besonders am Herzen. Unter seiner Federführung wurde der Weinverkauf zu einer der lukrativsten Einnahmequellen der Mönche in der Champagne. Doch ist man sich auch ziemlich sicher, dass er weder für die „Methode champenoise“ verantwortlich ist, noch den Champagner erfunden hat.

Drei Rebsorten sind für den Verschnitt von Champagner heute zugelassen: Pinot Noir, Pinot Meunier und Chardonnay. Einzigartig für den Champagnergeschmack sind die Noten, die durch die Mineralstoffe aus dem Kreideboden der Champagne in den Ausgangswein gelangen. Nach der Champagner-Methode werden die Reben dann zweimal vergoren – einmal im Fass und einmal in der Flasche. Aufwendig ist die zweite Gärung in der Flasche. Hierbei entsteht die Kohlensäure. Regelmäßig

BADEZUSATZ: FEIN, ABER TÖDLICH

Das sprichwörtliche Baden in Champagner ist im Übrigen nicht zu empfehlen, da es über die Hautatmung zu einer tödlichen Alkoholvergiftung kommen kann. Ruinieren Sie also Ihr Portemonnaie lieber beim genüsslichen Trinken der prickelnden Tropfen als Ihr Leben in der Wanne.

wird der Champagner per Hand in der kopfüber stehenden Flasche gerüttelt, um dafür zu sorgen, dass sich die Niederschläge am Korken sammeln und von dort beim Umkorken entfernt werden können. Es werden auch andere Schaumweine (vin mosseux) nach der Champagner-Methode vergoren, dürfen aber nicht den edlen Namen tragen.

DER WEIN, DER AUS DER GARAGE KOMMT

Sie sind etwas Seltenes und Besonderes, auch wenn ihr Name nicht danach klingt: Garagenweine. Bei Feinschmeckern sind sie geradezu Kult, die Weine, die von winzigen Weingütern und solchen Hobbywinzern, die sich gar nicht einmal so nennen wollen, produziert werden. Dennoch sind sie nicht selten sogar in Drei-Sterne-Lokalen zu finden und werden dort sehr teuer verkauft.

Am Anfang waren es vor allem Schauspieler und Menschen mit Geld, die sich ein Winz-Weingut zulegten und es sich leisten konnten, dort gewissermaßen in der Garage Spitzenweine auszubauen. Was das Geheimnis dieser Winzer sein mag? Sie müssen wahrscheinlich nicht an den Kommerz denken und können ihrem Wein geben, was er braucht: Zeit und Hingabe. Wein will seinen Herrn sehen, sonst wird er sauer. Natürlich sind Boden und Lage Voraussetzung für einen guten Wein. Doch hängt auch dies davon ab, wie viel Aufwand zum Einsatz kommen.

Die Amerikaner denken bei der Bezeichnung Garagenwein auch an Bill Gates, der sein heute gigantisches Unternehmen in einer Garage begann. Die Franzosen glauben eher, dass die produzierte Menge gerade mal so viel sei, dass sie in eine Garage passe. Einer der begehrtesten Garagenweine soll übrigens der „Three Rivers“ aus Australien sein. Dem Vernehmen nach wächst er mitten in der Wildnis und wird in einem einfachen Wellblechschuppen gekeltert.

WEINTRINKEN – DEM IQ ZULIEBE

„Wein macht das Gehirn sinnig, schnell und erfinderisch", schrieb schon Shakespeare und ahnte sicher nicht, wie recht er damit hatte. Wilhelm Busch reimte: „Rotwein ist für alte Knaben eine von den besten Gaben." Auch er lag damit goldrichtig. Der berühmte Arzt Louis Pasteur hielt den Wein schlicht für „das gesündeste aller Getränke". Die moderne Wissenschaft gibt allen dreien recht.

Ihre Antwort auf Shakespeare: Wer am liebsten Wein trinkt, ist überdurchschnittlich intelligent. Dass mäßiger Alkoholkonsum schlauer macht, fanden britische Forscher heraus. Moderate Weintrinker schnitten besser ab als Abstinenzler. Bereits ein Glas Wein pro Woche reicht für diesen Effekt offenbar aus. Am besten war jedoch ein halber Liter täglich. Der Rebsaft regt die Hirndurchblutung und das Kurzzeitgedächtnis an.

Ihre Antwort auf Wilhelm Busch: Wer Wein trinkt, schützt sein Hirn. Wer bis zu sechs Mal wöchentlich Wein trinkt, erkrankt seltener an Alzheimer. Französische Studien (sinnigerweise von der Universität Bordeaux) erkannten schon zuvor, dass Weintrinker geistig wesentlich fitter sind als Weinverächter. Von den Studienteilnehmern, die jeden Tag drei Gläser Wein tranken, erkrankte nicht einmal jeder Hundertste an einer Demenz. Ein einzelnes Glas dabei wirkte so schlecht wie gar kein Glas. Dem altersbedingten Abbau der Gehirnleistung wird nur vorgebeugt, wenn auch die Menge stimmt – eindeutig mehr als ein Glas pro Tag.

Und ihre Anwort auf Louis Pasteur: Der regelmäßige Genuss von Wein – insbesondere Rotwein – mindert das Risiko von Herz- und Kreislauferkrankungen und senkt den Cholesterinspiegel. Nach neueren Erkenntnissen kann Wein auch Diabetes und Thrombosen in Schach halten und – vor allem wenn er in Eichenfässern gelagert wurde – sogar vor Krebs schützen.

Weintrinker sehen gut aus, sind intelligent, sexy und gesund.

Hugh Johnson, engl. Wein-Papst

ES GIBT MEHR ALTE WINZER ALS ALTE ÄRZTE

So sagt der Volksmund, und weiß einmal mehr Bescheid. „Ein Leben ganz ohne Alkohol kann tödlich sein“, meldete Deutschlands liebstes Boulevardblatt unlängst. Kurz zuvor wurden neue Studienergebnisse vorgestellt, nach der totale Alkoholabstinenz einen Herzinfarkt verursachen kann. An der Studie hatten 29.000 Menschen aus 52 Ländern teilgenommen. Damit gibt es also eine weitere Studie, die die positiven Effekte des angemessenen Trinkens nachweist. Besonders gut kommt in allen Studien der Wein weg, da er neben dem Alkohol als solches noch eine ganze Reihe gesundheitlich wichtiger Ingredienzien wie die sekundären Pflanzenstoffe mitbringt und Weintrinker meist einen gesünderen Lebensstil pflegen, vor allem wenn sie sich mediterran ernähren.

Etliche Forscher formulieren es inzwischen so deutlich: Totale Abstinenzler haben eine geringere Lebenserwartung. Ein bis zwei Viertel Wein pro Tag senken das Infarkt- und Gesamtsterblichkeitsrisiko um rund die Hälfte. In ähnlichem Umfang gilt das ebenfalls für Bier. „Französisches Paradox“ hat man dies genannt. Denn in Frankreich sterben trotz guten und fettreichen Essens wesentlich weniger Menschen beispielsweise an Herzinfarkt und an Krebs. Das gilt auch für Italien.

Die tägliche Menge macht's also – nur: Welche ist richtig? Alle Protagonisten beeilen sich zu betonen, dass für Männer lediglich zwei bis drei Gläser täglich, für Frauen ein bis zwei als gesund gelten können. Viele Studien sprechen jedoch von etwas größeren Mengen, keine von weniger! Die Gesundheitseffekte verkehren sich allerdings ab 80 bis 120 Gramm Alkohol am Tag ins Gegenteil. Das sind immerhin zwischen ein bis zwei Flaschen Wein täglich. Bei Frauen ist ein Grenzwert von 40 Gramm Alkohol täglich in der Diskussion.

WENN PURITANER UND ANDERE FREUDLOSE GESELLEN SICH GEDANKEN MACHEN

Allzu viel des vergorenen Rebensaftes ist der Gesundheit nicht zuträglich, macht letztlich süchtig und lebensuntüchtig. Das weiß doch jeder. Nur dann sind da noch die Besserwisser und Übelfürchter, die den Sinnenfreuden nicht zugetan sind und deren schlimmstmögliches Kanzerogen das Leben als solches ist. Sie verteufeln den fröhlichen Genuss des Weines. Auch Ärzte und Gefahrenstatistiker haben offensichtlich Mühe, die Ergebnisse der aktuellen Untersuchungen über die Segnungen des Weins zu verarbeiten. Die Grenze der täglich zu empfehlenden Menge ist irgendwann aufgetaucht und wird nun einfach immer weiter getragen, ohne sie kritisch zu hinterfragen. Diese Haltung hat eine lange Geschichte und ist wie Vieles teils aus Amerika zu uns herübergeschwappt, teils aus religiöser Sinnenfeindlichkeit entstanden. Je puritanischer die Einstellung, desto mehr wird der Wein selbst in „moderaten Mengen“ für Teufelswerk gehalten.

Wie viel Wein Ihr Körper tatsächlich verkraftet, hängt nicht nur von Geschlecht und Alter, sondern auch von Ihrer genetischen Ausstattung, vom allgemeinen Gesundheitszustand, von den Ess- und Trinkgewohnheiten, von der regelmäßigen Bewegung, vom sozialen Status, vom Bildungsgrad, dem eigenen Suchtpotenzial und der Lebenseinstellung ab. Wer Wein wegen seines guten Geschmacks genießt, isst fast immer auch besonders gesund, trinkt vorwiegend zum guten und genussvoll zelebrierten Essen, raucht seltener und trinkt maßvoller. Die meisten Weintrinker finden durchaus das für sie zuträgliche Maß und sollten auch dabei bleiben. Ganz ohne schlechtes Gewissen, denn das ist erwiesenermaßen der Gesundheit ebenfalls abträglich.

Wein saufen ist Sünde, Wein trinken ist beten. Lasset uns beten.

Theodor Heuss (1884–1963),
ehemaliger Bundespräsident

ST. URBAN SCHICKT GUTEN WEIN

Zugegeben: St. Urban ist auch mein Heiliger. Denn ich liebe Wein, insbesondere den deutschen Riesling finde ich genial. St. Urban ist der Schutzpatron des Weines, und man kann ihn gar nicht oft genug bitten, uns nicht auf dem Trockenen sitzen zu lassen. Deshalb wird in den meisten Weinbauregionen am 25. Mai – dem Namenstag des Heiligen – der St. Urbans-Tag mit Festen und Prozessionen gefeiert. Ist er milde gestimmt, sorgt er dann dafür, dass im Herbst die Fässer voll werden.

Das weiß auch der Volksmund:

St. Urban hell und rein, segnet die Fässer ein.

*

Wie's Wetter am St. Urbans-Tag,
das Wetter im Herbst wohl werden mag.

*

Strahlt Urban im Sonnenschein,
gibt es vielen guten Wein.

*

Scheint am Urbanstag die Sonne,
gerät der Wein zur Wonne.
Regnet's aber, nimmt er Schaden
und wird selten wohl geraten.

Seit Mitte des 13. Jahrhunderts ist St. Urban zum Schutzpatron des Rebensaftes erkoren. Einst hatte er als Bischof von Langres im 5. Jahrhundert Schutz in einem Weinberg gefunden, was ihm zu dieser Ehre verhalf. Gelegentlich wird auch Papst Urban I. als Weinheiliger genannt. Doch der soll den Überlieferungen nach gar nichts mit Wein an der Mitra gehabt haben. Unter den Winzern wird St. Urban nicht nur gefeiert, sondern auch gefürchtet – soll er ihnen doch bei zu großer Trinkfreudigkeit die Gicht in die Füße schicken.

WASSER PREDIGEN UND WEIN TRINKEN

Jüngst sah ich einen deutschen Gewerkschaftsboss mit dem Namen einer schönen Jahreszeit in Frankfurt auf dem Flughafen an einem edlen Imbiss-Stand. Er genehmigte sich einige Gläschen Champagner und französischen Wein, aß dazu eine Vorspeise sowie zweimal sechs Austern. Da fiel mir diese Redewendung wieder ein.

Wer in der Öffentlichkeit von anderen Enthaltsamkeit verlangt, aber insgeheim selbst verschwenderisch lebt, den nennt man einen Heuchler, der Wasser predigt und heimlich Wein trinkt. Dieser Spruch geht zurück auf das Gedicht „Deutschland. Ein Wintermärchen" von Heinrich Heine (1844). Er wirft darin der Kirche vor, den Menschen nahezulegen, sich mit ihrer Armut abzufinden:

Ein kleines Harfenmädchen sang.
Sie sang mit wahrem Gefühle
Und falscher Stimme,
doch ward ich sehr gerühret von ihrem Spiele.

Sie sang von Liebe und Liebesgram,
Aufopferung und Wiederfinden
Dort oben, in jener besseren Welt,
wo alle Leiden schwinden.

Sie sang vom irdischen Jammertal,
von Freuden, die bald zerronnen,
vom Jenseits, wo die Seele schwelgt
verklärt in ew'gen Wonnen.

Sie sang das alte Entsagungslied,
das Eiapopeia vom Himmel,
womit man einlullt, wenn es greint,
das Volk, den großen Lümmel.

Ich kenne die Weise,
ich kenne den Text,
ich kenn' auch die Herren Verfasser;
ich weiß, sie tranken heimlich Wein
und predigten öffentlich Wasser.

Ein unbekannter Schelm prägte daraufhin dieses Wort: Es ist besser, demütig Wein zu trinken, als hochmütig Wasser.

WASSER UND WEIN: DAS LASS SEIN!

Dies dachten zumindest einst die Würzburger, die der Geburt der „Schorle" beiwohnten. Napoleon bestellte im Jahre 1813 den Herzog Pierre Francois Charles Augereau zum Militärgouverneur von Frankfurt und Würzburg. Dieser erging sich gern in den heimischen Gasthäusern, wobei ihm die angebotenen Weine jedoch nicht ganz behagten. Sie waren ihm zu stark. Beherzt schuf er sich Abhilfe: Aus Niederselters ließ er sich Krüge mit Selterswasser kommen und mischte es unter seinen Wein. Die Würzburger soll diese Verwässerung zunächst einigermaßen entsetzt haben.

Eine weitere Angewohnheit des französischen Herzogs gab dem Wasser-Wein-Gemisch später seinen Namen: Er sprach vor dem ersten Schluck immer den gleichen Trinkspruch: „toujours l'amour". Im Verlauf eines weinseligen Abends verstanden die Zuhörer dann nur noch so etwas wie „Schurlemurle" oder „Schorlemorle", damit war auch die spätere Kurzform Schorle geboren.

Dem Würzburger Wein sprach auch Goethe gern zu, allerdings ohne ihn zu Wasser zu lassen: „Sende mir noch einige Würzburger, denn kein anderer Wein will mir schmecken, und ich bin verdrüßlich, wenn mir mein gewohnter Lieblingswein abgehet", schrieb er 1806 seiner Frau Christiane. Den meisten Wein tranken den Überlieferungen zufolge jedoch die Würzburger selbst. Getrunken wurde der gesamte Ertrag des Frankenweins im eigenen Lande. Im Bürgerspital zu Würzburg, das noch heute ein gutes und berühmtes Weingut unterhält, gab es bereits im 16. Jahrhundert für jeden Insassen täglich eine Maß heilsamen Wein – eineinviertel Liter – und an Sonn- und Feiertagen zwei, denn „Frankenwein ist Krankenwein“ – eine heilsame Medizin also. Ein „angetrunkener,“ mit Trauben vollgefressener Ziegenbock soll der typischen Flaschenform der Frankenweine den Namen beschert haben: Bocksbeutel.

WEIN UND SAUERSTOFF – EIN INNIG ATMEND PAAR

Wein muss atmen, sagt man. Der französische Chemiker Louis Pasteur (1822–1895) befand: „Es ist der Sauerstoff, der den Wein macht!“ Denn das Bukett des Weines entfaltet sich erst in Gemeinschaftsarbeit mit Sauerstoff richtig. Das bringt viele Weinfans dazu, ihre Weine rechtzeitig vor dem Trinken zu öffnen, damit der Wein an Tiefe gewinnt. Wenn dies erreicht werden soll, reicht es allerdings nicht, nur den Korken aus der Flasche zu ziehen, weil dabei die Oberfläche zu klein bleibt. Der Wein muss schon in ein anderes Gefäß gegossen werden, was sich aber nur bei Spitzenweinen lohnt.

Allerdings kommt es bei der Weinherstellung durch die Vermählung von Wein und Sauerstoff auch zu negativen Wirkungen, die Geruch und Geschmack erheblich beeinträchtigen können. Sie entstehen durch Weinmängel selbst, durch Weinkrankheiten, durch Fehler im Weinberg oder beim Weinausbau im Keller. Als Erstes bemerkt das die Nase, die meist unbestechlicher ist als der Gaumen: Sogenannte Weinfehler sind beispielsweise Böckser (ein Geschmack von faulen Eiern), ein zu ausgeprägter Bodenton (kann kalkig schmecken), Eichenton, Essig- oder Milchsäurestich, Mäusel- und Muffton, Hefe- und Schimmelgeschmack sowie Luftton. Auch Firne und Fasston munden nicht jedem Weinliebhaber. Ganz und gar verpönt sind sogenannte Korkschmecker. Depot, Schwebstoffe und Weinstein sind hingegen keine Fehler und stören nicht. Mit dem Alter oxidieren die Weine allmählich, Weißwein bekommt ein satteres Gelb und Rotwein einen braunroten Ton.

BIER AUF WEIN, DAS GEHT REIN

Die Behauptung, man könne kopfschmerzmäßig nicht ungeschoren Bier auf Wein trinken gehört ebenso ins Reich der Ammenmärchen wie die, dass die umgekehrte Reihenfolge anzuraten sei. Schuld am Kater ist immer die Menge des Alkohols. Und dabei dürfte Bier besser wegkommen, einfach weil es einen geringeren Alkoholgehalt hat. Als maximale risikofreie Menge täglich gelten 0,75 Liter für Männer, 0,5 Liter für Frauen. Als Faustregel können Sie sich diesen Spruch von Bierliebhabern merken:

Ein Bier ist besser als kein Bier,
zwei Bier sind besser als ein Bier,
vier Bier sind aber nicht doppelt so gut wie zwei Bier.

WENN DAS BIER SAUER WIRD ...

... sind Hopfen und Malz verloren. Denn dann können Sie das Bier „den Hasen geben“. Alles umsonst, es ist schlicht nicht mehr genießbar.

Dieser Erfahrung trägt ein bekanntes Sprichwort Rechnung:

Denn oft ist Malz und Hopfen
An so vielen armen Tropfen,
So viel verkehrten Toren,
Und alle Müh verloren.

Irgendwann schlug der Volksmund einen Bogen zum real existierenden Elend des Menschen und befand, dass bei manchen Zeitgenossen Hopfen und Malz verloren sei. Also ab mit ihnen zu den Hasen.

HOPFEN UND MALZ – GOTT ERHALT'S

In Maßen genossen ist Bier ein überaus gesundes Getränk. Es reguliert Zucker- und Fettstoffwechsel und beeinflusst die Blutgerinnung. Es senkt den Blutdruck, schwemmt aus, beugt Herzinfarkt, Schlaganfalll sowie Alterserscheinungen vor und baut Stress ab. Es soll sogar den Kampf gegen die Osteoporose aufnehmen, da es den Knochenstabilisator Silizium enthält.

Dies alles bestätigt Professor Manfred Walzl von der Nervenklinik Graz, der seit Jahren entsprechende Studien überprüft. Er nährt sogar die Hoffnung, dass Bier auch vor Krebs schützen könnte. Diese richtet sich unter anderem auf den Wirkstoff Xanthohumol, einem Polyphenol aus dem Hopfen.

Die Nährstoffe liegen im Bier in gelöster Form vor, sie können vom Körper problemlos aufgenommen werden. Bier ist zudem fett- und cholesterinfrei. Hefe, Hopfen und Malz bringen reichlich Vitamine und Mineralstoffe ins Bier. Sie regen den Fettstoffwechsel an, beeinflussen die Blutgerinnung, regulieren Blutdruck und Zuckerstoffwechsel. Bier ist ein natriumarmes Getränk, empfehlenswert bei Bluthochdruck und Ödemen. Das Kalium im Bier hilft den Blutdruck zu senken, das reichliche Magnesium beugt Herzerkrankungen, Gallen- und Harnsteinen vor. Der Hopfen beschert dem Bier eine Menge Antioxidanzien, die vor Alterserscheinungen schützen und Herzleiden sowie Krebs bekämpfen.

WERTVOLLE RESTE

Hopfensprossen sind ebenfalls ein gesunder Genuss. Hier handelt es sich gewissermaßen um Abfall der Biergewinnung: Um die jungen Triebe nämlich, die der Hopfenbauer ausgeizt, um nur ein bis zwei Triebe hochwachsen zu lassen. Sie sind leider nur da erhältlich, wo Hopfen für das Bier angebaut wird, also vornehmlich in Franken und Bayern.

DURCH DIE BLUME GESAGT: MEHR WASSER ALS KAFFEE

Labbriger Kaffee wird allerorts Blümchenkaffee genannt, obwohl er alles andere als diese nette blumige Bezeichnung verdient hat. Vor allem Sachsen gilt als Land der starken Kaffeetrinker und -liebhaber. Gern angeführter Beweis: Die „Kaffeekantate“ des Leipziger Thomas-Kantors Bach. Man kann einer sächsischen Kaffeekocherin oder einem sächsischen Kaffeekocher nichts Schlimmeres nachsagen, als dass es sich um „Bliemchengaffee“ handele, was er oder sie da gekocht hat. In diesem Kaffee nämlich ist so wenig Kaffee enthalten, dass man noch die „Bliemchen“ auf dem Tassengrund des berühmten und wertvollen Meißner Porzellans sieht. In Norddeutschland heißt es, durch so einen Kaffee könne man das „Vater unser“ noch lesen.

Anderswo wird eine solche Kaffee-Zumutung auch Muckefuck genannt. Diese Bezeichnung stammt aus dem französischen „mocca faux“ für „falscher Kaffee“. Dieser wurde aus Zichorien gewonnen, wie es auch bei uns noch im und nach dem Krieg der Not gehorchend so üblich war. Die Berliner schufen daraus den Begriff Muckefuck. Es könnte aber auch anders gewesen sein: Der Begriff leitet sich vom rheinischen Muckenfuck ab – „Mucken“ steht dabei für braune Stauberde und „fuck“ für faul. Kalter Kaffee bleibt es allemal.

GUTE NACHRICHTEN FÜR KAFFEETANTEN

Kaffee hat einen schlechten Ruf ... zu verlieren. Als Flüssigkeitsräuber und ungesund verschrien, bekommt er jetzt Schützenhilfe von der Wissenschaft: Weder macht er nervös, noch enthält er Giftstoffe. Das verschnarchte Kaffeekränzchen-Image ist das braune Gebräu sowieso los, seit es als Szene-Getränk die Runde macht. Kaum hatten die Kaffeehersteller herausgefunden, dass

Muttis Bohnenkaffee den Jüngeren zu bitter ist, schufen sie mildere Kaffee- und aromatisierte Kaffeesorten. Nie gab es so viele Angebote wie heute.

Kaffeetrinken kann dazu beitragen, dass Frauen nach den Wechseljahren eine höhere Lebenserwartung haben, denn er schützt sie vor Herzinfarkt und Schlaganfall. Zudem wurde jetzt mit der Mär aufgeräumt, Kaffee sei ein Flüssigkeitsräuber. In Wirklichkeit spendet er Ihnen Flüssigkeit und kann getrost in Ihre täglich Flüssigkeits-Bilanz mit eingerechnet werden.

Kaffee bremst Krankheitserreger im Körper und hat eine krebshemmende Wirkung. Vermutlich behindert Koffein die zellverändernden Effekte von Bakterien und anderen Mikroorganismen. Je mehr Kaffee Sie schlürfen, um so besser Ihre Chancen. Dadurch, dass Kaffee die Darmtätigkeit und die Harnausscheidung anregt, werden zudem die Ausscheidungsvorgänge des Körpers unterstützt. Mehrere Studien sprechen von einem verringerten Diabetesrisiko. Gallensteine und Parkinson soll Kaffee ebenfalls bekämpfen.

Seine munter machende Wirkung wird vor allem dem Koffein zugeschrieben. Es stimuliert die körperliche und geistige Leistungsfähigkeit. Wenn Sie zu viel Koffein zu sich nehmen, kann sich das aber ins Gegenteil verkehren. Herzrasen, Nervosität, Händezittern und Blutdruckanstieg stellen sich ein. Menschen mit Herzproblemen sollten deshalb nicht mehr als vier Tassen milden Kaffee täglich trinken.

ZU VIEL WASSER MACHT „BLAUE DÄRM“

Das sagte man früher, als das tägliche Wasser noch nicht die Qualität wie heute hatte. Häufig war es verunreinigt, sorgte für Durchfall und Darmerkrankungen. Auch heute gibt es gute Gründe, Ihnen von zu viel Trinken abzuraten – etwa wenn Sie lange Strecken laufen. Dann sollten Sie zwar ausreichend, aber nicht übermäßig viel trinken. Das kann lebensgefährlich werden. Bei zu viel Flüssigkeit gerät Ihr Körper nämlich in eine Zwickmühle: Durch die Anstrengung schwitzt er und verliert dabei Wasser und Salze, vor allem Natriumchlorid – sprich: Kochsalz. Trinken Sie nun viel, steigt der Wassergehalt Ihres Blutes, nicht aber sein Salzgehalt. Bis zu einem gewissen Grad kann Ihr Körper das ausgleichen. Übertreiben Sie es aber mit dem Trinken, muss der Körper das Wasser aus dem Blut aufnehmen, damit auf diese Weise das Salzgleichgewicht zwischen Zellinnerem und Blut wiederhergestellt wird. Das hat zur Folge, dass die Zellen aufquellen und da-mit alle Gewebe und Organe. Trifft dies das Gehirn, drohen Schwindel, Unwohlsein und Zusammenbruch. Ihr Körper kommt mit einer zeitweiligen Trockenphase besser zurecht als mit zu viel Flüssigkeit. Als normale(r) Hobbysportler(in) brauchen Sie während Ihres Trainings nichts zu trinken. Trinken Sie vorher einen Viertelliter Mineralwasser oder Fruchtsaftschorle (ein Teil hochwertiger Apfelsaft mit zwei Teilen Mineralwasser), dann gehen Sie mit einem kleinen Flüssigkeitsvorrat an den Start. Nach dem Sport sollten Sie den Flüssigkeitsverlust durch das Schwitzen und die schnellere Atmung wieder ausgleichen. Dazu empfehlen sich Leitungswasser, Mineralwasser oder Fruchtsaftschorle. Bevorzugen Sie nach dem Sport natriumreiches Mineralwasser. Wenn Sie Leitungswasser trinken, geben Sie eine kleine Prise Salz hinzu. Selbst bei einem Marathonlauf sollten Sie nicht mehr als drei Liter leicht gesalzenes Wasser trinken.

HÄNGEN SIE SICH NICHT AN DEN WASSERTROPF

Sicher ist Ihnen auch schon aufgefallen, dass immer mehr Menschen mit „hippen“ Wasserflaschen durch die Gegend laufen. Überall und jederzeit wird an der Flasche genuckelt. Besonders en vogue sind dabei stille Wässer aus Frankreich, die Frische aus der „Tiefe der Vogesen“ symbolisieren. Natürlich tut Wasser gut und kann durchaus auch bei Ihnen bei längeren Unternehmungen einen Platz im Handgepäck finden. Doch die angesagten Wässer lassen geschmacklich meist zu wünschen übrig und sind arm an Mineralstoffen. Trinkwasser aus der Leitung reicht aus, ist qualitativ einwandfrei, bietet Ihnen Mineralstoffe und kostet auch noch wenig.

Die Stiftung Warentest nahm die „Lifestylewässer“ unter die Lupe und kam zu diesem ernüchternden Ergebnis: Sie werben zwar damit, tragen aber nichts zu Ihrer Versorgung mit Mineralstoffen bei, weil sie mehr oder minder „leere“ Wässer sind. Zudem schmecken sie oft nach dem Kunststoff der Flasche.

Auch das Nuckeln an der Flasche findet nicht die Gnade der Stiftung: „Trinken Sie nicht ständig aus der Flasche. Mikroorganismen aus dem Mund können so ins Wasser gelangen und sich dort vermehren.“ Auch die ebenfalls angesagten Flaschen mit Trinkaufsatz schützen nicht davor. Angebrochene Flaschen gehören in den Kühlschrank und sollten rasch verbraucht werden. Zum Lagern eignen sich Glasflaschen besser, denn aus den Kunststoffflaschen kann Kohlensäure entweichen und Luft eindringen. Außerdem kann Acetaldehyd aus dem Kunststoff ins Wasser übergehen. Zudem ist viel trinken auch nicht immer und überall gesund.

WER SORGEN HAT, HAT AUCH LIKÖR

Schon Wilhelm Busch wusste um diese Erkenntnis: „Es ist ein Satz von Alters her – wer Sorgen hat, hat auch Likör.“ Generell haben Kräuterschnäpse ihr Oma-Image abgelegt und liegen zurzeit voll im Trend. Die meisten Kräuterbitter oder Kräuter-Liköre helfen dem Magen nach üppigen Gelagen wieder auf die Beine, denn die in ihm enthaltenen Kräuter sollen die Verdauung erleichtern. Ihren Ursprung haben sie wie die meisten alten Heilmittel Europas in den Klöstern und Abteien. Insbesondere die italienischen Mönche und Nonnen waren erfinderisch, wenn es darum ging, Heilpflanzen aus dem klösterlichen Kräutergarten in medizinische Mittel umzuwandeln. In fast allen Rezepturen finden sich Minze, Melisse Eisenkraut, Tausendgüldenkraut und Wacholder. Alkohol löst die heilenden Wirkstoffe aus den Pflanzen und ist ein hervorragender Geschmacksträger.

Zudem lockert er die Zunge und lässt die Stimmung steigen. Daraus entwickelte sich in Italien eine richtige Kräuterschnaps-Kultur und mit ihr so bekannte Größen wie Ramazotti, Averna, Fernet Branca, Amaro, Campari oder Cynar. Bei uns führte der Kräuterschnaps in den vergangenen Jahrzehnten ein eher verstaubtes Dasein bei Kaffeekränzchen und Kartenrunden. Heute gilt der Genuss von Bittern wie Underberg, Jägermeister oder Stonsdorfer selbst bei jungen Leuten als schick. Sie verzeichnen mittlerweile zweistellige Zuwachsraten. Getrunken werden die flüssigen Kräuter auch nicht mehr zimmerwarm, sondern gekühlt oder gar „on the rocks“. Der Jägermeister ist heute die erfolgreichste Spirituose der Welt. Und das nicht nur wegen des magenfreundlichen Inhalts, sondern auch wegen seines durchschlagenden Marketings. Das Kräutergetränk gewann beim Marken-Award 2007 den „Besten Marken-Relaunch“ mit seiner neuen, ebenfalls bereits zum Kult gewordenen Werbekampagne.

ABSINTH – WEICHSPÜLER FÜRS GEHIRN

Die „Grüne Fee“ Absinth hat viele große Geister um den Verstand gebracht. In den 20er-Jahren des letzten Jahrhunderts haben sich viele mehr oder weniger berühmte Menschen damit im wahrsten Sinne des Wortes das Gehirn „weggesoffen“. Im 19. Jahrhundert begann der smaragdgrüne Absinth seinen Siegeszug und wurde rasch zur Volksdroge. Begonnen hatte er ganz harmlos als Schnäpschen auf der Basis von Fenchel, Anis und Wermut, das gelichzeitig heilende Wirkung bei Alltagswehwehchen entfalten sollte. Doch es zeigte auch noch andere Wirkungen: Viele berühmte Menschen galten als passionierte Konsumenten, weil sie das Getränk in kreative Räusche versetzte. Oscar Wilde, Picasso, Toulouse-Lautrec, Rimbaud und Hemingway verfielen dem Absinth und huldigten ihm als „Grüner Fee“.

Doch die grüne war nicht wirklich eine gute Fee: Absinthgenuss führt rasch zu Bewusstseinsstörungen, Krämpfen und Halluzinationen. Der gefürchtete Wirkstoff ist das aus dem Wermutkraut gewonnene Thujon, das in großen Mengen als Nervengift wirkt. Wie Thujon als Droge wirkt, haben Forscher erst später herausgefunden. Heute weiß man, dass zwischen Thujon und dem Hauptwirkstoff der Cannabispflanze eine große Ähnlichkeit besteht. Neuere Untersuchungen zeigen, dass das Thujon am gleichen Rezeptor im Gehirn ansetzt wie Haschisch und dort ähnliche halluzinogene Wirkungen und Nebenwirkungen erzielt. Nerven-, nieren- und magenschädigende Wirkungen des Getränks sind inzwischen eindeutig nachgewiesen. Wenn der Absinth-Rausch verflogen ist, stellen sich wie bei anderen Drogen auch meist eine tiefe Depression und Angstzustände ein.

HEILSAMES KRAUT

Das Wermutkraut (Arthemisia absinthium) *wächst in Europa fast überall am Wegesrand und dient vor allem als Medizin. Verabreicht als Sud, Tee oder Tinktur hat die Pflanze ebenso wie ihre nahen Verwandten Beifuß, Estragon und Eberraute nachweislich eine heilsame Wirkung. Sie hilft bei Magen-, Gallen- und Darmbeschwerden und ist eines der ältesten Frauenheilkräuter.*

DIE RÜCKKEHR DER GRÜNEN FEE

Nachdem das Getränk fast 80 Jahre lang wegen seiner verheerenden Nebenwirkungen verboten war, hat Brüssel vor Kurzem Absinth in entschärfter Form wieder erlaubt.

Traditionell wurde der Absinth langsam mit Wasser geschlürft. Heute trinkt man ihn mit einer Turbo-Methode: Ein Löffel mit Zucker oder einem Zuckerwürfel wird in den Absinth getaucht und über dem Glas angezündet. Der Alkohol verbrennt, der Zucker tropft ins Glas. Dabei wird, so mutmaßen Mediziner, mehr Thujon aufgenommen als früher. Denn wenn auch mit der Wiedereinführung des Absinth die Grenzwerte für Thujon gesenkt wurden, so wurden doch bei Kontrollen um 50 Prozent überschrittene Werte festgestellt. Selbst wenn der Thujon-Anteil korrekt ist, soll die entschärfte „Grüne Fee" – so berichten Eingeweihte – die Wirkung von mehreren Joints haben.

Allein der Alkoholgehalt der meisten Absinth-Getränke ist schon für einen Rausch gut, denn er liegt zwischen 40 und 70 Prozent. Normalerweise liegt der Alkoholgehalt der meisten Kräuterbitter und Liköre zwischen 25 und 40 Prozent. Derzeit sind in Deutschland etwa 20 Sorten verschiedener Absinth-Mischungen besonders en vogue – von rotem Absinth bis hin zu Absinth mit Kaffee-Extrakt. Pur schmeckt Absinth nach Anis, ist aber nicht identisch mit den Anis-Getränken Pernod oder Pastis.

777

DAS GEHEIMNIS DER SCHNAPSZAHL

Wenn Sie im Restaurant oder an der Tankstelle etwa 33,33 Euro oder 55,55 Euro zu zahlen haben, nennt man dies eine Schnapszahl. Meist sagt dann noch jemand: „Wer gibt einen aus?" Der Ausdruck soll so entstanden sein: Wer dem Alkohol reichlich zugesprochen hat, muss mit einer verzerrten „Optik" rechnen. Der Alkohol wirkt auf die Zellen im Gehirn ein und verändert damit Wahrnehmung, Gleichgewicht, Sprache und vieles mehr. Manch einer sieht dann weiße Mäuse. Wer betrunken Auto fährt (was er natürlich niemals tun sollte), sieht womöglich die Straße gleich zweimal. Ein anderer erkennt Schnapszahlen. So nennt man heute Zahlen, die doppelt oder mehrfach nacheinander auftreten, Schnapszahlen. Diese erscheinen jedoch nach wie vor am häufigsten den Schnapsnasen oder Schnapsdrosseln (Drossel heißt in der Jägersprache beim Wild die Kehle), bevorzugt wenn sie Schnapsideen haben.

SCHWEPPES: EIN GETRÄNK WIRD ZUR MEDIZIN

Von Haus aus eigentlich Uhrmacher, erfand er das Sodawasser und imitierte damit seinerzeit bekannte Mineralwässer: Johann Jakob Schweppe aus Witzenhausen in Hessen. Im Jahr 1858 ließ er sich in London ein Getränk aus chininhaltigem Tonicwater patentieren. Dabei hatte er einen genialen Trick auf Lager: Er löste die zur Malariaprophylaxe notwendige Chinintablette in etwas Limettensaft auf und machte mit seinem Getränk vor allem bei den britischen Offizieren und allen Briten in den Kolonien Furore. Der schmackhafte Medizintrank leistete ihnen gute Dienste, denn Chinin bekämpft nicht nur die gefürchtete Malaria, es senkt zudem Fieber und regt den Appetit an. Das Alkaloid Chinin stammt ursprünglich aus der Chinarinde. Da es in höherer Dosierung zu Nebenwirkungen wie Schwindel, Sehstörungen und Panikattacken kommen kann, dürfen in Bitterlimonaden höchstens 80 mg pro Liter enthalten sein.

Schweppe's Tonic water, Chinin, Orange-Peel, Bitter Lemon und Ingwerdrinks wurden als „Schweppes" zum Welterfolg. Heute kommt keine Bar ohne diese Drinks aus. Am beliebtesten ist dabei seit Jahrzehnten Gin mit Tonicwater.

DER STÄRKERE GEHT VOR

Nach einer alten Regel wird das stärkere Getränk immer vor dem schwächeren genannt. In den angelsächsischen Ländern verbindet man die beiden Getränke stets mit einem „und" – also auf englisch „and". Wenn Sie sich bei Ihrer Bestellung weltläufig zeigen wollen, ordern Sie also „Gin and Tonic". Noch polyglottere Zeitgenossen sagen kurz „G and T" – gesprochen „Dschie-änd-tie". Auf jeden Fall: Zum Wohl!

ALKOHOLIKER? NICHT SEHR WITZIG

Wer zu sehr dem Alkohol zuspricht, schädigt sich selbst auf vielfache Weise. Das ist allseits bekannt. Allen voran ist die Leber betroffen, gefolgt von Herz und Hirn. Nach neuesten Untersuchungen vom Institut für Kognitive Neurowissenschaft der Uni Bochum werden in der Denkzentrale jedoch vor allem jene Regionen beeinträchtigt, in denen der Humor zu Hause ist. Was Sie vielleicht zum Bersten komisch finden, entlockt einem echten Alkoholiker nicht einmal mehr ein müdes Lächeln. Die Studienergebnisse deuten darauf hin, dass der Frontallappen, unter anderem auch der Sitz des Humors, durch Alkoholmissbrauch in seiner Funktion gestört wird. Jedenfalls fanden die alkoholkranken Versuchspersonen die ihnen vorgelesenen Witze so etwas von überhaupt nicht komisch, dass man sie nur bedauern kann. Umso mehr als zweifelsfrei bewiesen ist, dass Lachen doch gesund erhält.

KOCHEN UND BACKEN

HANS DAMPF IN ALLEN KÜCHEN

Wer etwas auf sich hält, kocht heute mit Dampf. Das gilt als schick, bequem und gesund. Denn beim Kochen mit zu viel Wasser lösen sich viele Vitamine im Kochwasser, zudem leidet der Geschmack, das Gegarte schmeckt „ausgekocht". Dampfgaren – natürlich in entsprechend schicken Designer-Geräten – wird als Retter des guten Geschmacks vor allem von Gemüse gepriesen. Dieses wird auf einem Sieb über siedendem Wasser gegart, das bei 100 Grad in den gasförmigen Zustand übergeht. In einer Wolke von Wasserdampf wird das Gemüse (angeblich) schonend gar, wertvolle Inhaltsstoffe wie Vitamine und Mineralstoffe bleiben erhalten. Kartoffeln und Kohl sind die beliebtesten Gäste im Dampfgarer, aber auch Fisch und andere Speisen. Wenn derart Gedämpftes aber zu lange herumsteht, bekommt es einen muffigen ältlichen Geruch und Geschmack.

Bei Schnellkochtöpfen kommt zum Wasserdampf noch der Druck hinzu. Die Töpfe müssen druckdicht verriegelt werden und dämpfen das Gargut bei 105 bis 120 Grad in Rekordschnelle. Genauso gut und meines Erachtens noch besser können Sie in einem normalen Kochtopf schonend dünsten, vorausgesetzt Sie haben einen, dessen Deckel besonders gut schließt. Lassen Sie etwas Fett – Butter oder Olivenöl – mit einer Prise Meersalz sanft anziehen. Geben Sie ein wenig Wasser dazu, dann Ihr Gemüse – wie Paprika, Pilze, Tomaten, Auberginen, Spinat oder alle Kohlsorten – beziehungsweise Ihren Fisch oder Hähnchenbrüste. Deckel fest drauf, Temperatur runter und schon wird Ihr Gargut im eigenen Saft sanft gargezogen. Nach etwa zehn Minuten machen Sie eine Garprobe, damit Sie bissfeste und inhaltsreiche Speisen erhalten.

WIE GEFÄHRLICH IST DER SCHNELLE BRÜTER?

In zwei von drei Haushalten finden Sie heute eine Mikrowelle. Gesundheitsaposteln, Kochfans und guten Köchen will das nicht schmecken. Zu gefährlich und dem Geschmack nicht dienlich, finden sie. Die Wissenschaft sieht das anders. Was ist denn nun richtig? Wie so oft kommt hier die Antwort von Radio Eriwan: Ja, aber ... Dabei geht es um zwei mögliche Gefahrenherde: zum einem um die Strahlung in der Nähe der Mikrowelle sowie eine dadurch erhöhte Krebsgefahr, zum anderen um Veränderungen der Speisen durch die Wellen. Eine direkte Gesundheitsstörung konnte bislang nicht nachgewiesen werden. Die Veränderungen der Speisen entsprechen in etwa denen herkömmlicher Kochverfahren. Vorausgesetzt: Die speziellen Zubereitungsvorschriften werden eingehalten. Ist dies nicht der Fall, kann es durchaus – etwa bei Überhitzen oder ungenügender Erwärmung – zu gesundheitlich bedenklichen Veränderungen der Lebensmittel durch die Mikrowelle kommen.

Die elektromagnetischen Mikrowellen dringen direkt in das Lebensmittel ein und erwärmen es von innen heraus. So werden die Speisen wesentlich schneller gar. Praktisch kann so ein Gerät für alle sein, die wenig Zeit haben und nur kleine Portionen zubereiten. Es nützt vor allem beim Auftauen, Erwärmen und Garen. Besonders wichtig: Halten Sie sich minutiös an die Gebrauchsvorschriften.

Die Mikrowelle ist jedoch kein Ersatz für den Herd. Wollen Sie größere Portionen kochen, hat der Herd eindeutig Vorzüge. Sie sparen Zeit und Energie. Reis, Nudeln und Getreide gelingen besser auf dem Herd. Braten und Kuchen verlangen ebenfalls einen Herd beziehungsweise einen herkömmlichen Backofen. Sie bekommen sie zwar in der Mikrowelle gar, doch die für den Geschmack so wichtigen Röststoffe fehlen. Gemüse sollten Sie ohnehin auf die herkömmliche Weise möglichst schonend garen, weil ihre wertvollen Inhaltsstoffe in der Mikrowelle beschädigt oder zerstört werden.

WARUM WIRD DAS EI BEIM KOCHEN FEST?

Um das zu verstehen, muss man seine „Chemie“ kennen: Das Eigelb besteht zur Hälfte aus Wasser, zu einem Drittel aus Fett (Lecithin und Cholesterin), zu 15 Prozent aus Eiweißen. Das Eiweiß enthält viel mehr Wasser und etwa 10 Prozent Eiweiße. Wenn Sie ein Ei kochen, dann gerinnen zuerst die Eiweiße des Eiklars. Die Gerinnungstemperatur des Eigelbs liegt um 8 Grad höher, deshalb gerinnt es später als das Eiweiß. Das Eigelb beginnt ab vier Minuten zu gerinnen, danach wird es stetig härter.

Zum Kochen sollten Sie die Eier in kochendes Wasser geben, auch wenn manche Köche wie Paul Bocuse etwa etwas anderes angeben, denn so können Sie die Kochtemperatur besser kontrollieren. Zudem verteilt sich das Eiklar nicht gleichmäßig um den Dotter, wenn das Ei kalt aufgestellt wird. Wollen Sie das Ei beispielsweise zum Dekorieren verwenden, sieht das dann nicht schön aus. Um den Garvorgang sofort zu beenden, schrecken Sie das gekochte Ei ab.

Beim Spiegelei wird das Eigelb noch etwas später fest. Was uns beim Spiegelei schmeckt, ist eben diese späte Gerinnung des Eigelbs. Der Eiweißrand um den Dotter wird nur langsam fest. Dem können Sie begegnen, indem Sie etwas Salz auf den Rand geben. Beim Rührei verbinden sich Eiweiß und Eiklar miteinander und werden gleichzeitig fest, was hier wiederum den Wohlgeschmack ausmacht.

SOLL DAS EI ABGESCHRECKT WERDEN?

Man hat inzwischen festgestellt, dass die Sitte, Eier nach dem Kochen sofort unter kaltes Wasser zu halten, ziemlich überflüssig ist. Das Abschrecken vermindert sogar die Haltbarkeit der Eier. Ursprünglich wollte man damit erreicht werden, dass sich das Ei besser pellen lässt. Doch dafür ist die Frische des Eies wesentlich wichtiger als das Abschrecken: Je frischer, desto schlechter lässt es sich pellen. Mit dem Übergießen der gekochten Eier mit kaltem Wasser erreichen Sie allerdings, dass der Garprozess abrupt beendet wird. So wird Ihr Fünf-Minuten-Ei auch wirklich eines.

WENN DAS MEHL INS SCHWITZEN KOMMT

Die Grundlage vieler Saucen, wie etwa der Béchamelsauce, ist die Mehlschwitze. Sie ist zu Unrecht verrufen, wenn sie denn richtig gemacht wird, kann sie Ihnen durchaus zur Ehre gereichen: Lassen Sie ein wenig „gute Butter“ in einem Topf aus und rühren Sie das Mehl vorsichtig hinein. Lassen Sie dies unter Rühren etwa eine Viertelstunde rösten. Dabei sollen kleine Bläschen entstehen, so der französische „Küchenphysiker“ Hervè This-Benckhard. Nach einer Weile verschwinden sie wieder. Die Mehlschwitze soll eine hellbraune bis mittelbraune Farbe annehmen. Wird sie zu dunkel, schmeckt sie bitter. Dann kommt der – eventuell abgelöschte – Bratensaft hinzu und muss noch eine Weile köcheln, damit der letzte Mehlgeschmack verschwindet. Das Mehl quillt auf und macht die Sauce sämig. Außerdem bilden sich dabei neue Aromastoffe.

Kartoffelstärke brauchen Sie nicht so lange zu rösten. Sie wird zudem schneller und bei niedrigeren Temperaturen fest, sodass Sie auch eine zu dünn geratene Sauce in letzter Minute retten können. Das Gleiche gilt für Mehlbutter (Mehl und Butter mit einer Gabel verkneten und zu einem nussgroßen Stück verarbeiten), die Sie unter die Sauce ziehen. Die Sauce erhält dadurch allerdings einen leichten Mehlgeschmack.

DAS DICKE ENDE

Bei der Konsistenz Ihrer Saucen sollten Sie daran denken, dass die Sauce mit dem Abkühlen immer mehr eindickt. Sie sollte also im Kochtopf noch nicht ihre endgültige Konsistenz erreicht haben.

HIER KOKELN ECHTE KERLE

Sind die meisten Männer am Herd selten gesehene Akteure, so vertreiben sie beim Grillen die Frauen locker aus ihrer Vormachtstellung. Andererseits scheinen die meisten Frauen tatsächlich von keinerlei Ehrgeiz in puncto Grillen beseelt zu sein. Meist wird dieses Phänomen damit begründet, dass in den Genen von Männern noch das steinzeitliche Erbe schlummert: Am Ende eines erfolgreichen Jagdtages brutzelt der Held der Familie die Beute für seine Lieben.

Oder erinnert das Grillen Männer irgendwie an Wild-West-Romantik, High Noon in der Prärie und Abenteuer? Vielleicht geht es eher um das Ausloten der technischen Ausstattung: Wer hat den schneidigsten Grill, das beste Preis-Leistungs-Verhältnis, das edelste Zubehör, den durchschlagendsten Grillerfolg? Wie auch immer: Bei 82 Prozent aller Grillpartys legen die Herren der Schöpfung die modernen fleischlichen Nachfolger der Bärenkeule auf den Rost.

In der Sommerzeit ist Grillen der Deutschen liebstes Hobby. Die meisten grillen wenigstens einmal im Monat und am liebsten in geselliger Runde. Kein Wunder: Dank der starken Hitze bildet sich beim Fleisch schnell eine leckere Kruste, das Fleisch bleibt zart und saftig. Durch die Röststoffe entsteht das typische Grillaroma. Grillen ist übrigens auch eine nährstoffschonende Art der Zubereitung, wenn Sie es richtig machen. Der Verlust an wasserlöslichen Vitaminen ist beispielsweise wesentlich niedriger als beim Kochen, Dämpfen, Dünsten und Schmoren. Für die Mineralstoffe gilt das ebenso. Und: Zum Grillen wird kein zusätzliches Fett benötigt wie etwa beim Braten. Marinaden und Kräutern wird nachgesagt, dass sie die beim Grillen entstehenden gesundheitsschädlichen Stoffe abpuffern. Grillen Sie keine gepökelten Fleischwaren wie Kasseler oder Wiener Würstchen, denn hier können sich krebserregende Stoffe entwickeln.

BLINDBACKEN – FEHLT DEM MÜRBETEIG DER DURCHBLICK?

Die meisten frischen Obstkuchen werden mit einem Mürbeteig versehen. Damit der Teig seine flache Form behält und nicht durch den fruchtigen Belag aufweicht, wird er meist zunächst „blindgebacken". Dafür verteilen Sie ihn in der vorgesehenen Form – am besten auf Backpapier, decken den mit der Gabel mehrfach eingestochenen Teig ebenfalls mit zurechtgeschnittenem Backpier ab (Alufolie geht auch). Darauf geben Sie getrocknete Erbsen, Linsen oder Bohnen und backen den Teig nach Vorschrift vor. Nach der angegebenen Zeit holen Sie den Teig aus dem Ofen, schütten die Hülsenfrüchte heraus und füllen den Teig mit den Früchten, der Fruchtmasse oder dem Eierguss. Dann wird nach Vorschrift weitergebacken. Die Hülsenfrüchte eignen sich danach zum Essen nicht mehr, wohl aber zum weiteren Blindbacken. Es gibt auch spezielle Backerbsen oder Backmurmeln zu kaufen, die Sie ebenfalls häufiger verwenden können.

MINIGESCHOSSE FÜR DIE SUPPE

Backerbsen werden auch jene Mini-Winz-Klößchen genannt, die aus Schwemmklößchenteig gestochen werden. Mit der Spitze kleiner Teelöffelchen werden centgroße Punkte ausgestochen und auf ein gebuttertes, leicht mit Mehl bestäubtes beziehungsweise mit Backpapier ausgelegtes Backblech gelegt. Im vorgeheizten Backofen etwa 5 Minuten bei 150 Grad abbacken. Diese Backerbsen schmecken lecker und knusprig als Einlage in einer Brühe.

SAUERTEIG: WAS LANGE GÄRT, WIRD ENDLICH GUT

Vollkornbrot enthält viele Ballaststoffe und ist gesund. Es schmeckt jedoch nur wirklich gut, wenn es auch aus echtem Natursauerteig gebacken wird. Leider hat in vielen Bäckereien der sogenannte Kunstsauerteig mit einer Chemiemischung den Natursauerteig verdrängt. Dies spart Personal, Zeit und Geld. Doch das Kunstprodukt schafft es nicht im erwünschten Umfang, das Korn in eine bekömmliche Nahrung umzuwandeln. Und dieses Brot riecht unangenehm säuerlich, bildet keine schöne Krume und ist auch geschmacklich ein echter Flop. Der Physiker und Kochfreak Professor Thomas Hilgis bringt es auf den Punkt: „Abgesehen von vielen Zutaten, die einem ehrlichen Bäckermeister nicht einmal in seinen Albträumen begegnen, denken die Backchemiker und Backfabriken in erster Linie an die Erhöhung der Teigausbeute (TA). Je höher die Teig- und Backausbeute, desto höher der Profit."

Ein echter Natursauerteig ist quasi ein lebendes Wesen und will liebevoll genährt und gepflegt werden. Er reift in drei Stufen unter mehrmaliger Zugabe von Roggenmehl oder Vollkornschrot und Wasser – insgesamt 24 Stunden lang. Dabei entwickelt er sich durch die Hefen mittels Milchsäure- und Hefegärung vom sogenannten Anfrischsauer zum Grundsauer und erreicht nach Entwicklung der Aromastoffe und dem Einpendeln der Säureverhältnisse endlich das Stadium des Natursauerteigs. Ein Rest des Sauerteigs wird aufgehoben und quasi als Mutter für die nächsten Brote verwendet. Das daraus am besten im Holzofen gebackene Brot ist ein Gedicht und hält sich zudem wesentlich länger frisch als andere Brote.

WOHIN GEHT DER HEFETEIG?

Hefeteig ist empfindlich und deswegen gar nicht so einfach herzustellen, wie man oft denkt. Das liegt an der Eigenwilligkeit der Hefe: Hefe hat es gerne warm, dann macht sie den Teig luftig und locker. Bei etwa 30 Grad vermehren sich die Hefepilze in der Teigmasse am besten. Ein kleiner Teil der Stärke wird in Alkohol und Kohlensäure verwandelt. Im Teig gärt es, und er geht auf. Dieser Prozess geht langsamer vonstatten, wenn der Teig kühl steht. Bei manchen Teigen ist das trotzdem sinnvoll. Normalerweise ist aber eine Temperatur zwischen 20 und 25 Grad am besten. Wird es dem Hefeteig zu warm, geht er nicht auf.

Der Hefeteig wird zum Gehen entweder in eine Schüssel mit warmen Wasser, in den schwach erhitzten Backofen, auf die Heizung oder an ein sonniges Plätzchen gestellt. Der Teig wird mit einem frischen Leintuch abgedeckt. Soll der Teig nur langsam aufgehen, wird er mit Alufolie oder einem feuchten Leintuch bedeckt.

Auch beim Backvorgang spielt die Temperatur eine große Rolle: Teige, die beim Backen noch aufgehen sollen, werden in einen mäßig warmen Backofen geschoben. Teige, die ihre Form wahren sollen, kommen in den heißen Ofen.

Frische Hefe bekommen Sie in 42-g-Päckchen. Im Supermarkt liegt sie im Kühlregal. Sie ist gelblich-grau, leicht feucht und bröckelig. Ist sie bräunlich, schmierig, angetrocknet oder riecht sie unangenehm, ist sie zu alt und geht nicht mehr auf. Frische Hefe hält sich zwei bis drei Tage und sollte möglichst rasch verbraucht werden. Trockenhefe ist industriell hergestellt und besteht aus einer Lösung von Melasse und Wasser.

NADELPROBE

Um festzustellen, ob ein Hefeteiggebäck fertig ist, machen Sie die Nadelprobe: Stechen Sie mit einer Stricknadel oder einem Holzstäbchen in das Gebäck, bleibt nichts an der Nadel oder dem Stäbchen haften, kann das gute Stück raus aus dem Ofen.

Mit ihr ist ein Hefeteig einfacher zuzubereiten. Trockenhefe ist außerdem wesentlich länger haltbar.

EIN STARKES SEIFENSTÜCK AUS EDELSTAHL

Seit einiger Zeit werden Metallstücke aus reinem Edelstahl für die Küche quasi als Seife angeboten. Sie sollen die Hände von Gerüchen befreien. Andere Geruchskiller aus Edelstahl sollen aus der Raumluft unangenehme Kochgerüche – wie Fisch- oder Kohlgeruch – herausfiltern. Das kommt uns zwar unwahrscheinlich vor, ist aber dennoch wahr: Edelstahl kann tatsächlich Gerüche neutralisieren, was Arbeitsschüsseln aus Edelstahl in der Küche praktischer macht als Plastikschüsseln. Die Geruchsmoleküle reagieren mit bestimmten Stoffen im Edelstahl, dadurch werden die Geruchsmoleküle in kleinere Teilchen aufgespalten, die Ihre Nase nicht mehr als Geruch wahrnimmt. Neu ist die Erkenntnis, dass Edelstahl auch unangenehme Düfte aus der Luft neutralisieren kann. Das gilt auch für Nikotingestank.

GESCHMACK UND INHALT

FÜNF IN EINS – DIE FORMEL DES GESCHMACKS

Die Geschmacksknospen auf der Zunge sind für die vier Geschmacksrichtungen süß, sauer, salzig, bitter zuständig. Japanische Forscher haben kürzlich noch eine fünfte Geschmackskategorie ausgemacht – „umami". Das ist eine Geschmacksnote, die in eiweißreicher Nahrung wie Butter, Milch, Fleisch, Meerestieren und Sojabohnen vorkommt. „Umami" bedeutet so viel wie „guter Geschmack". Der Begriff beschreibt auch den Geschmack, der durch den Geschmacksverstärker Glutamat entsteht, der in Industrie, Restaurants und Großküchen eingesetzt wird, oft auch um die Minderwertigkeit der Zutaten zu übertünchen.

WENN DER KLEINE HUNGER KOMMT ...

... schicken Sie ihn tunlichst wieder fort! Ihr Verdauungssystem möchte gar nicht so oft mit Nahrung versorgt werden, wie es Ihnen Werbung und Ernährungsexperten suggerieren. Lieber öfter essen, dafür aber weniger, denn so versorgen Sie Ihren Körper regelmäßiger mit Nährstoffen und vermeiden Heißhungerattacken, heißt es. Doch Pustekuchen: Das Gegenteil ist richtig! Zwischenmahlzeiten machen erst wirklich dick.

Für Ihren Körper ist Daueraktion schädlich, denn er kann nicht alles gleichzeitig bewältigen. Die Nahrung muss in verschiedenen Schritten nacheinander in Magen und unterschiedlichen Darmabschnitten aufgeschlüsselt werden. Das dauert einige Stunden, in denen das Verdauungssystem nicht ständig durch Nachschub gestört werden soll.

Vor allem für die Bauchspeicheldrüse ist das nicht gut, da ihr Insulinstoffwechsel völlig durcheinandergerät. Durch zu häufige Reizung signalisiert sie immer schneller ein Hungergefühl, auch wenn Sie gar keinen Hunger haben. Zudem summieren sich dabei die Kalorien, weil es eben doch selten sinnvolle Snacks gibt, sondern eher den Müsliriegel, die Milchschnitte oder „das kleine Frühstückchen."

Wenn Sie zwischendurch Hunger bekommen, haben Sie wahrscheinlich vorher zur Hauptmahlzeit nicht genügend gegessen. Essen Sie sich zu den Mahlzeiten richtig satt. Frühstücken Sie morgens abwechslungsreich, verputzen Sie mittags viele komplexe Kohlenhydrate (etwa Gemüse, Nudeln, Reis), die den Darm ausreichend beschäftigen und ein anhaltendes Sättigungsgefühl mit sich bringen. Und nehmen Sie abends ein leichtes eiweißreiches und kohlenhydratarmes Abendessen zu sich. Sollte der Hunger zwischendurch doch zu sehr nagen, sind klein geschnittenes Obst und Gemüse sinnvoll.

DIE BOTEN DES HUNGERS

Eine ganze Reihe von Hormonen reguliert Ihre Sättigungs- und Hungergefühle:

Ghrelin signalisiert Ihnen via Gehirn, dass Sie Hunger haben. Es wird im Magen gebildet, wenn er leer ist.

Cholecystokinin sagt Ihnen, wann Sie satt sind. Es wird im Dünndarm gebildet, wenn der Speisebrei den Magen verlässt. Außerdem regt es Verdauungsstoffe in Galle und Bauchspeicheldrüse an.

PYY stammt aus dem Verdauungstrakt und sorgt dafür, dass das Sättigungsgefühl anhält. Nach allem, was man heute weiß, scheint es den Appetit zu unterdrücken.

Leptin hat die Aufgabe, das Körperfett konstant zu halten. Es wird in den Fettzellen gebildet. Ein hoher Leptinspiegel lässt den Appetit in die Höhe schnellen.

Insulin steuert den Blutzuckerspiegel und kann den sogenannten Süßhunger auslösen. Man geht heute davon aus, dass Insulin langfristig auch das Körpergewicht reguliert.

GLÜCK KÖNNEN SIE ESSEN

Essen hält Leib und Seele zusammen, sagt der Volksmund. Dazu gehören für die meisten ein genussvolles Essen, eine schöne Feier mit Freunden, ein Glas guten Weines, ein schön gedeckter Tisch oder der Duft der Speisen. Doch auch was Sie essen, kann Sie gut und schlecht stimmen. Glücksgefühle können Sie tatsächlich essen. Es gibt eine ganze Reihe von Substanzen im Essen, die eine biochemische Reaktion auslösen, die Ihre Stimmungslage beeinflusst. Eine Vorrangstellung nehmen dabei die sogenannten Neurotransmitter ein, die unmittelbar auf die Aktivität Ihrer Nervenzellen wirken. Diese Botenstoffe stehen in engster Verbindung mit dem Hormon- und dem Immunsystem.

Zu den Botenstoffen gehören unter anderem Serotonin und Dopamin. Fließt Serotonin in Strömen, sind Sie happy. Dopamin vermittelt Ihnen ein Gefühl des Vergnügens und der Belohnung. Es setzt die Endorphine frei, die Schmerz mildern und Ihnen gute Laune bescheren. Es gibt eine Art Belohnungszentrum im Gehirn, das sich seinerseits für kleines Glück mit der Ausschüttung dieser Botenstoffe bedankt. Mehr als 60 solcher Neurotransmitter konnte die Forschung bis heute identifizieren. Wahrscheinlich kommen noch etliche hinzu.

Die meisten Botenstoffe werden aus Grundstoffen gebildet, die Sie sich mit der Nahrung zuführen. Das sind insbesondere die Aminosäuren. Sie sind die Bausteine für die Eiweiße, den Bausubstanzen von Knochen, Muskeln, Nägeln und Haaren und essenziell für die Bildung von Neurotransmittern, Hormonen und Antikörpern. Sie beeinflussen Ihre Stimmung, Ihren Appetit, Ihr Schmerzempfinden, Ihren Blutdruck, Ihre Koordination und alle Aufgaben Ihres Gehirns. Alles, was Sie essen und trinken, wirkt sich wiederum auf die Bildung und Wirkung der Botenstoffe positiv oder negativ aus. Die glücklichste Mischung erhalten Sie mit einem möglichst abwechslungsreichen und jeweils frisch zubereiteten Speiseplan.

„Die Speisen haben vermutlich einen sehr großen Einfluss
auf den Zustand des Menschen, wo er jetzt ist.
Der Wein äußert seinen Einfluss mehr sichtbar,
die Speisen tun es langsamer, aber vielleicht ebenso gewiss ..."

Georg Christoph Lichtenberg (1742–1799)

GLÜCKSBOTEN IM NAHRUNGSGEWAND

Serotonin ist der Star unter den Glücksboten. Um diesen bilden zu können, brauchen Sie seinen Baustoff Tryptophan. Er steckt in Milch, Hülsenfrüchten, Soja, Bananen, Ananas, Feigen, Meeresfisch, Nüssen und Mandeln. Wenn Sie gleichzeitig Brot, Nudeln oder Reis essen, sind Sie schnell ruhig und versöhnlich gestimmt.

Serotonin

- stimmt milde
- macht ruhig
- fördert das Gefühl von Geselligkeit
- macht zufrieden
- löst Wohlbefinden aus
- verursacht das Gefühl von wohliger Sättigung
- wirkt schlaffördernd
- unterstützt die Tiefschlafphase
- aktiviert Hormone wie die Enzephaline und Endorphine, die unter anderem die Schmerzempfindlichkeit herabsetzen und die Stimmung heben
- löst Angst
- hilft bei Depressionen
- mildert das Verlangen nach Süßigkeiten, Nikotin, Alkohol und anderen Drogen

APHRODISIAKA – SPEISEN FÜR DIE INNERE HITZE

Die vermeintlich positiven Wirkungen von Viagra auf die Standfestigkeit des Mannes werden derzeit viel diskutiert. Dass es bereits einige hunderte Tote aufgrund von Nebenwirkungen gegeben haben soll, kommt dabei selten zur Sprache. Wer seiner Lust auf sinnliche und verlängernde Weise auf die Sprünge helfen will, sollte lieber auf anregendes Essen und Trinken setzen. Forscher sagen zwar, das sei Einbildung, aber die ist bekanntlich auch eine Bildung. Und nicht immer stimmt, was die Wissenschaft meint, glauben zu müssen – vor allem wenn Medikamente als gute Einnahmequelle mit im Spiel sind.

In allen Kulturen spielten zu allen Zeiten natürliche, die Lust steigernde Mittel eine wesentliche Rolle. Die Aphrodisiaka verdanken ihren Namen der griechischen Liebesgöttin Aphrodite. Die ersten schriftlichen Hinweise auf diese Lust steigerndem Mittel fanden sich unter anderem in den altägyptischen Papyrusrollen. Häufig oblag es den Medizinmännern und -frauen, sich um ihre Zubereitung und Anwendung zu kümmern. Viele Rezepte für sinnliche Speisen und Getränke wurden jedoch auch von Generation zu Generation weitergereicht. Ihr Genuss sollte an- und aufregen, Gesundheit, „innere Hitze“ und Lebensfreude schenken. Das Vergnügen am Geschmack und Wohlgeruch der Speisen und dem ganzen Drumherum gehört noch heute zum Spiel der Verführung.

Zu den berauschenden Aphrodisiaka zählen unter anderem Hanf, Opium, Stechapfel und eine Reihe anregender Gewürze, wie zum Beispiel Muskat. Aber auch viele normale, in unserer Küche heimische Kräuter und Gewürze sind wirksame Liebesmittel: Anis, Basilikum, Eisenkraut, Galgant, Granatapfel, Ingwer, Kardamom, Koriander, Meerträubel, Piment, Petersilie, Rose, Rosmarin, Safran, Schafgarbe, Sellerie, Teestrauch, Getreide, Wermut und Zimt. Hier geht probieren über studieren. Und zwar in jeder Hinsicht.

TANKSTELLE FÜR GLÜCKSSTOFFE

Eine kleine Auswahl von Nahrungsmitteln, die aufgrund ihrer Inhaltsstoffe besonders stimmungsfördernd sind:

- **Nudeln** sind gut für Gehirn, Nerven und Muskeln, sie erhöhen die Ausdauer, heben die Laune, indem sie die Serotoninbildung ankurbeln
- **Avocado** steigert die Denkleistung
- **Brokkoli** regt an, regeneriert, fördert die Denkleistung und stimmt die Nerven milde
- **Blumenkohl** hilft dem Gehirn und dem Kreislauf auf die Sprünge
- **Möhren** stärken die Konzentration und beruhigen die Nerven
- **Kartoffeln** machen Laune und schenken Power, indem sie die Serotoninbildung anregen
- **Hülsenfrüchte** regulieren Stressgefühle, fördern die Denkleistung, schützen die Nerven und heben die Stimmung
- **Paprika** hebt die Laune und macht das Gehirn fit
- **Rote Bete** stimuliert und stärkt die Nerven
- **Schwarzwurzeln** beseitigen Ermüdungserscheinungen und helfen den Kopf frei zu bekommen
- **Bananen** helfen der Serotoninbildung auf die Sprünge und hellen die Stimmung auf
- **Tomaten** entspannen und schützen die Nerven

AUF DEN HUND GEKOMMEN

Forscher haben herausgefunden, dass Vorfreude glücklich machen kann. Sie beobachteten bei kokainabhängigen Ratten das Glückszentrum im Gehirn. Die Nervenzellen dieser Region schütten einen der körpereigenen Glücksstoffe – das Dopamin – aus. Die kleinen Versuchstierchen freuten sich so auf ihren nächsten

Drogenkick, dass sie schon vorher das Dopamin in den Körper fließen ließen. Ähnliche Ergebnisse brachte vor mehr als hundert Jahren das berühmte pawlowsche Hunde-Experiment. Den braven Versuchshunden lief das Wasser im Mund zusammen, sobald sie hörten, wie die Forscher ihr nächstes Futter vorbereiteten und das Glöckchen die nächste Mahlzeit ankündigte.

Diese Glücksregion im Gehirn gibt es auch in Ihrem Hirn. Sie lässt sich mit Nahrungsmitteln ebenfalls so gezielt kitzeln, dass Sie Glücksstoffe ausschüttet und Ihnen das Wasser im Mund zusammenläuft. Die Freisetzung des Speichels ist zwar ein Reflex, der vom autonomen Nervensystem gesteuert wird. Doch wie stark Sie sich von Duft, Ansehen und Erwartung einer Speise „anmachen" lassen, hängt von Ihren Erfahrungen ab. Bestimmte Nahrungsmittelinhaltsstoffe lassen erfahrungsgemäß automatisch mehr Speichel fließen.

Es kommt aber auch vor, dass Sie spontan eine Abneigung gegen eine Speise haben. Mit den Ekelgefühlen hat Ihnen die Natur einen wichtigen Schutz vor Krankheiten und Gefahren mit auf den Weg gegeben. Bislang ging man davon aus, dass dieser Mechanismus eher anerzogen als angeboren ist. Doch Forscher kamen nun zu einem anderen Ergebnis: Kot, andere Ausscheidungsprodukte, Wunden, Körperflüssigkeiten, Verdorbenes und Verfaultes gelten rund um den Globus als ekelerregend. Diese Prädisposition werde im Laufe des Lebens durch eigene Erfahrungen angereichert.

GUTER GESCHMACK: ALLES NUR GEKLAUT

Viele Kinder mögen heute lieber künstliches Erdbeeraroma als frische Erdbeeren. Manchem Erwachsenen erscheinen die frischen Salatkräuter fad angesichts der glutamatverstärkten fertigen Würzsaucen für den Salat. Schuld daran ist nicht ihre Zunge, sondern die vielen Zusatzstoffe, die die fertigen Lebensmittel unserer Tage mehr oder weniger zieren. So lässt sich der Appetit an die Produkte anpassen.

Beispiel: Wenn Kinder finden, dass Ketchup tomatiger als Tomaten schmeckt, werden sie keine Tomaten essen wollen, sondern Ketchup. Dieses wiederum verspricht ein blendendes Geschäft. Während wir uns vielleicht einbilden, die Neuzeit hätte uns eine Vielzahl neuer internationaler Geschmacksaromen beschert – mit Pizza, Sushi, Tortilla oder Wraps etwa –, so schauen wir in Wirklichkeit einem Sterben vieler Geschmacksrichtungen zu. Denn der Geschmack dieser Speisen – wenn sie nicht von Ihnen selbst frisch zubereitet sind – ist längst normiert und einheitlich. Da schmeckt die indische Reistafel im Prinzip genauso wie das ungarische Gulasch.

Durch diese Einseitigkeit wird der Geschmackssinn geschwächt und verkümmert immer mehr. Wer von Fertiggerichten lebt, deren Geschmack mit zugesetzten Aromastoffen und allerlei anderem verstärkt wird, dessen Zunge und Nase stumpfen so ab, dass sie immer stärkere Reize brauchen. Immer neue, stärkere Aromen müssen dann den Gaumen kitzeln und Sie dazu bringen, die Fertigkost immer wieder zu kaufen. Mittlerweile rotiert das Aromakarussel mit Powerbrausen und Asiasnacks so schnell, dass sich die Geschmacksempfindungen völlig von ihren natürlichen Trägern gelöst haben. Erdbeergeschmack ist zu einer chemischen Formel mutiert. Künstliche Aromastoffe machen manche geschmacksentleerte Industriespeise überhaupt erst genießbar.

SCHNUPFEN – GANZ SCHÖN GESCHMACKLOS

Wer eine Schniefnase sein Eigen nennt, gewinnt in dieser Zeit auch die Erkenntnis, dass Essen und Trinken nach nichts schmecken. Bei einer Erkältung schwillt die Nasenschleimhaut an und lässt die Duftstoffe nicht mehr an die Riechschleimhaut heran. Da der Geschmack ja zum großen Teil über die Nase läuft, schmeckt die Nahrung als hätte sie kein Aroma. Normalerweise unterscheidet die Nase zwischen 2.000 und 4.000 verschiedenen Geruchsstoffen, aber bei einem Schnupfen gibt es unter dieser Nummer keinen Anschluss. Ist der Rachen ebenfalls entzündet, ist der Geschmack noch mehr beeinträchtigt, denn von hier aus steigen ebenfalls Gerüche in die Nase hoch. Auch Rauchen oder eine Überflutung mit Geruchsreizen kann Ihren Geruchssinn einschränken.

SCHMECKEN: NICHT OHNE IHRE NASE!

Ihr Geruchssinn spielt die führende Rolle beim Geschmacksempfinden. Sie nehmen den Geruch der im Mund erwärmten Speisen und Getränke vor allem durch die hinter dem Gaumensegel gelegenen inneren Nasenöffnungen im Rachenraum wahr. Machen Sie mal eine Probe: Wie viel Geschmack kommt noch bei Ihnen an, wenn Sie sich die Nase zuhalten? Erst die Nase erschließt Ihnen die Vielfalt der Aromen.

Die Nase beherbergt Antennen für die ganze Welt der Düfte. Die bis zu 30 Millionen Riechzellen in der Nasenschleimhaut verfügen über feinste Sinneshärchen. An ihnen docken die Duftmoleküle an, sie geben etwa den Geruch Ihres Essens weiter ans Gehirn, wo er mit dem zusammentrifft, was die Zunge mit ihren Geschmacksknospen wahrgenommen hat. Beides wird hier zusammengefügt und bewertet. Schon ein einziges Duftmolekül ist in der Lage, diese Sinneshärchen elektrisch zu reizen. Durch den Duftwechsel umgeht der Geruchssinn die Gewöhnung. Das bedeutet auch für Ihre Nase: Nur eine abwechslungsreiche Nahrung mit unterschiedlichen Düften hält den Geruchs- und Geschmackssinn fit. Wer immer nur das Gleiche isst oder zu viel raucht, riecht und schmeckt am Ende gar nichts mehr.

DAS TRAUMA VON SCARLETT O'HARA

Nach dem berühmten Filmkuss in „Vom Winde verweht“ soll Vivian Leigh über Clark Gable gesagt haben: „Er hat falsche Zähne und Mundgeruch.“ Dieses Schicksal teilt er mit Millionen von

Menschen. Verantwortlich für unangenehm riechenden Atem (Halitose) sind fast immer Bakterien, die im Mundraum leben und sich von den Tröpfchen auf der Zunge ernähren. Bei ihrem Stoffwechsel bilden sie Abfallprodukte, die müffeln können. Die Mundhöhle beherbergt hunderte von Bakterienarten, die unterschiedliche Nahrungsstoffe bevorzugen. Vor allem stehen aber Eiweiße auf ihrem Speiseplan. Einige lieben Zucker ganz besonders. Werden diese Nahrungsbestandteile zersetzt, entstehen einige echte „Übelstoffe“. Die Bakterien sind Tag und Nacht am Werk, viele von ihnen „arbeiten“ unter Ausschluss von Sauerstoff besonders ergiebig – also dann, wenn Ihr Mund geschlossen ist.

Bei Menschen mit gesunden Zähnen stammt der Mundgeruch hauptsächlich von der Zunge – genauer dem Zungenrücken. Die meisten Menschen reinigen ihn nicht regelmäßig von Speichel und Belägen, weil sie gar nicht wissen, dass auch die Zunge Pflege vertragen kann. Zu den weiteren Ursachen zählen schlechte Mundhygiene, entzündetes Zahnfleisch, atmen durch den Mund, Fasten, langes Reden, Stress, bestimmte Medikamente und Rauchen. All dies verhindert, dass die Zunge ausgiebig von Speichel umspült wird, der die Abfallstoffe abtransportieren kann.

Dabei ist die Vermeidung von Mundgeruch denkbar einfach: Schon eine gründliche Mundhygiene mit Zahnbürste und Zahnseide beugt dem schlechten Duft aus dem Mund vor. Zwischendurch ein Stück Obst, eine Möhre, eine Tomate, etwas Paprika oder ein Kaugummi halten die Bakterien unter Kontrolle. Gewissenhafte reinigen zusätzlich ihre Zunge.

MUNDGERUCH – NICHTS FÜR DIE EIGENE NASE

Mundgeruch ist eine unangenehme Erscheinung, deswegen möchten sich die meisten Menschen Klarheit darüber verschaffen, ob sie aus dem Mund riechen oder nicht. Sie pusten ihren Atem in die hohle Hand, die sie vor den Mund halten, und schnuppern daran. Doch leider: Sie riechen nichts, denn seinen eigenen Mundgeruch kann der Mensch nicht wahrnehmen. Die

Sinne sind an die eigenen Gerüche gewöhnt und deshalb in gewissem Sinne abgestumpft gegen sie. Von jedem Atemzug, den Sie tun, geht ein gewisser Prozentsatz über Ihre Nase wieder zurück, sodass Sie sich ständig selbst riechen ... oder eben nicht. Nur noch sehr deutliche Veränderungen – wie sie im Zuge mancher Erkrankungen auftreten – sind zu erkennen. Wenn Sie also wissen wollen, ob Sie (beziehungsweise Ihre Umwelt) unter Mundgeruch leiden, müssen Sie wohl oder übel einen anderen Zeitgenossen danach fragen.

GEGESSEN WIRD, WAS AUF DEN TELLER KOMMT

Nicht Ihr Magen sagt Ihnen, wann Sie satt sind, sondern Ihre Augen. Forscher der Universität von Illinois kamen zu dem Ergebnis, dass die Augen den Grad des Sättigungsgefühls bestimmen und damit auch, wie viel gegessen wird. In einer Suppenküche servierten sie ihren Studienteilnehmern je einen Teller Suppe. Was die Testesser nicht wussten: Für die Hälfte war der Teller speziell präpariert. Durch eine kleine Öffnung an der Unterseite der Teller wurde unmerklich ständig Suppe nachgefüllt.

Die getäuschten Suppenlöffler aßen während der zwanzigminütigen Mahlzeit über 70 Prozent mehr Suppe als die anderen, die wirklich nur den Inhalt von einem Teller Suppe vor sich hatten. Obwohl das Mehr an Suppe mit mehr Kalorien verbunden war, glaubten die Getäuschten genauso viel gegessen zu haben und fühlten sich ebenso satt und wohl wie die anderen. „Menschen benutzen ihre Augen, um Kalorien zu

MACHT DIE AUGEN SATT

Je größer die Portion auf dem Teller, desto mehr wird gegessen und die Zahl der Kalorien unterschätzt. Dagegen hilft ein einfacher psychologischer Trick: Durch das Aufteilen von großen Portionen in mehrere kleine Gefäße können Sie Ihr Auge ganz leicht austricksen. Sie sparen Kalorien bei gleichem Sättigungsgefühl.

zählen. Wir mussten feststellen, dass nicht das einsetzende Sättigungsgefühl für die Beendigung der Mahlzeit ausschlaggebend war, sondern der leere Teller", erklärt der amerikanische Studienleiter Brian Wansink.

AM HUNGERTUCH NAGEN UND KOHLDAMPF SCHIEBEN

Hunger ist der beste Koch, sagt man. Diese Erkenntnis nützt jedoch nur wenig, wenn jemand am Hungertuche nagt. Mit dem Hungertuch verhängt man seit dem Mittelalter den Altar zur Fastenzeit. Sinnbildlich hatten diejenigen, die daran nagten, nichts mehr zu beißen. Bei ihnen war Schmalhans Küchenmeister.

Wer Hunger hat, schiebt Kohldampf. Diese Redewendung stammt aus der Gaunersprache Rotwelsch: Koller oder Koll stand für die Wut, den wütenden Hunger, und auch Dampf bedeutete Hunger. Kohldampf ist also schon ein mächtiger Hunger fast existenziellen Ausmaßes. So wie jemand Wache schob, schob jemand, der Hunger hatte, Kohldampf. Von der Gaunersprache gelangte der Ausdruck in die Soldatensprache und gelangte vom Ersten Weltkrieg an in die breite Bevölkerung.

WER SCHLÄFT, SÜNDIGT NICHT

Zumindest nicht beim Essen. Zu wenig Schlaf macht dick. Hunger und Appetit werden durch Schlafmangel angeregt, und zwar besonders auf fett- und kohlenhydratreiche Speisen. Schlafen Sie in der ersten Nachthälfte nicht genügend, wird beispielsweise weniger Leptin ausgeschüttet. Dieses Hormon hemmt den Appetit. Die Bildung des Hunger fördernden Ghrelins hingegen steigt an, wenn Sie nicht genügend schlafen. Fast 70.000 Frauen gaben in einer Studie über 16 Jahre lang regelmäßig Auskunft über

Gewicht und Schlafdauer. Je weniger sie schliefen, desto mehr Pfunde sammelten sich an. Und das, obwohl die Bettflüchterinnen teilweise mehr Sport machten und weniger aßen als die Langschläferinnen.

Die Schlafdauer ist in den vergangenen Jahrzehnten in den Industrieländern um bis zu zwei Stunden pro Nacht gesunken.

Mindestens sieben Stunden pro Nacht sollten Sie jedoch auf alle Fälle schlafen.

NACH DEM ESSEN SOLLST DU RUHN ODER TAUSEND SCHRITTE TUN

Im Anschluss an ein feines Mahl macht sich meist eine wohlige Müdigkeit breit. Die lässt sich durch ein Nickerchen oder einen kleinen Verdauungsspaziergang bekämpfen. Der Grund für den Knick in der Leistungskurve ist die starke Durchblutung des Bauchraums, die rasch nach dem Essen einsetzt. In die anderen Körperteile – insbesondere das Gehirn – gelangt weniger Blut mit frischem Sauerstoff. Dazu kommt nach den Mahlzeiten eine leichte Unterzuckerung, denn das Insulin wird für die Verdauung gebraucht. Verstärkt wird die Schlappheit noch durch einen erhöhten Serotoninspiegel im Gehirn durch den vorhergehenden Genuss von kohlenhydrat- und fettreichen Speisen.

Da sich nach dem Essen das Blut in den verdauenden Organen befindet, fehlt es dem Gehirn zum Studieren. Deshalb: Voller Bauch studiert nicht gern.

Die Entdeckung eines neuen Gerichts macht die Menschheit glücklicher als die Entdeckung eines neuen Sterns.

Jean-Anthèlme Brillat-Savarin, Physiologie des Geschmacks

SYNÄSTHESIE: WENN SIE GESCHMACK AUCH HÖREN KÖNNEN

Manche Menschen können Geschmacksrichtungen an Tönen erkennen, Farben hören, Gerüche an ihren Formen sehen oder Musik riechen. Da schmeckt dann Chilli con Carne nach Würfeln und der Kartoffelbrei wird als kühle Glassäule wahrgenommen. Wer nachwürzen will, empfindet es vielleicht so, dass die Speise ein paar Spitzen oder Kanten braucht oder dass ihr ein paar Ziffern fehlen.

Diese Menschen haben die außergewöhnliche, neurologische Fähigkeit der „Synästhesie". Über 80 Prozent der Synästhetiker sind Frauen. Unter den betroffenen Männern ist die Anzahl der homosexuellen Männer überdurchschnittlich hoch. Nach den Erfahrungen von Wissenschaftlern verheimlichen viele Betroffene diese Fähigkeit, weil sie fürchten, als Spinner zu gelten.

Wer über diese Art der Sinnesvernetzung verfügt, verknüpft automatisch Eindrücke der verschiedenen Sinne miteinander und kann sie gewissermaßen untereinander austauschen. „Synästhesie ist keine Krankheit, sondern das Resultat einer spezifischen Vernetzung innerhalb des Gehirns", erklärt der Psychoneurologe Dr. Simon Baron-Cohen von der Universität Cambridge.

Wie es zu diesen ungewöhnlichen Verknüpfungen von Sinneseindrücken kommt, ist noch unklar. Auf alle Fälle können sie nicht unterdrückt oder ausgeblendet werden. Sie sind einfach da und gehören bis zum Lebensende zum Alltag der Betroffenen dazu, die das in aller Regel aber auch nicht als ungewöhnlich empfinden. Das wird es meist erst durch die verständnislosen Reaktionen der Umwelt. Da die synästhetische Wahrnehmung keine Einschränkung ist, sondern etwas Zusätzliches, verfügen die Betroffenen über eine außerordentlich reiche Erlebniswelt. Der begnadete Maler Wassily Kandinsky beispielsweise summte seine Bilder, bevor er sie malte.

MIGRÄNE IS(S)T KÄSE

Können bestimmte Nahrungsmittel Migräne auslösen? Eine Frage, die immer wieder gestellt wird. Migräneattacken sind gefürchtet, denn sie können einen für mehrere Tage richtig außer Gefecht setzen. Etwa zwei Drittel aller Migräne-Fälle sind genetisch bedingt. Die genauen Ursachen sind noch unbekannt. Wahrscheinlich handelt es sich dabei um eine Übererregbarkeit der Nerven. Ausgelöst werden die Anfälle durch sogenannte Trigger-Faktoren, zu denen im Einzelfall durchaus auch bestimmte Nahrungsmittel gehören können.

Häufig wird dabei vom Genuss von Käse, Rotwein oder Schokolade berichtet. Insbesondere Lebensmittel mit einem hohen Gehalt an biogenen Aminen stehen im Blickpunkt. Dazu gehören manche Käsesorten (zum Beispiel Cheddar), Fischkonserven, Kakao, Wein, Bier und glutamathaltige Lebensmittel. Hierbei handelt es sich jedoch um Erfahrungswerte, wissenschaftlich nachgewiesen wurde das bislang nicht.

Die Migräne-Attacken können sich nachgewiesenermaßen mit einem Anfall von Süßhunger ankündigen. Wenn Sie dann eine Tafel Schokolade futtern, bringen Sie diese irrtümlicherweise in Verbindung mit Ihrem anschließenden Kopfweh. Manche Geplagte berichten, dass sie von Eis oder sehr kalten Getränken Attacken bekommen. Man vermutet aber, dass hier die Kälte einen Reiz auf die beteiligten Nerven auslöst.

Auch Veränderungen im Schlaf-Wach-Rhythmus wurden als häufige Übeltäter entlarvt: Wenn Sie beispielsweise am Wochenende später ins Bett gehen und länger schlafen als sonst, riskieren Sie ebenso einen Anfall, wie wenn Sie sehr unregelmäßig essen.

ALUFOLIE – DER BLITZSCHLAG IM MUND

So muss es sich anfühlen, wenn einen der Schlag trifft! Manchmal bleiben kleine Fitzelchen Alufolie oder Stanniolpapier an einem Nahrungsmittel kleben – etwa an Käse oder Schokolade. Kaum in den Mund gewandert, fahren wir wie elektrisiert hoch, weil ein blitzartiger Schmerz durch die Zähne fährt. Die Berührung des Papiers mit einer Zahnplombe löst ein sehr unangenehmes Gefühl oder gar Schmerz aus. Der Grund: Wenn zwei unterschiedlich edle Metalle über eine stromleitende Flüssigkeit miteinander verbunden werden, entsteht zwischen den Metallen eine elektrische Spannung. Das Aluminium im Stanniol und das Quecksilber in der Zahn- oder Goldkronenfüllung sind zwei solche Metalle, die über den Speichel miteinander verbunden werden. Dadurch fließt Strom im Mund, der einen säuerlichen Geschmack oder ein Schmerzgefühl bewirken kann.

Diese an sich harmlose Wirkung kann unter anderen Umständen ernsthafte Auswirkungen haben: Zahnfüllungen und Kronen im Gebiss sind oft aus unterschiedlichen Metallen hergestellt. Haben Sie beispielsweise eine Amalgamfüllung und bekommen im Nachbarzahn eine Goldkrone eingesetzt, kommt es durch den Speichel ebenfalls zu einer elektrischen Aufladung. Dabei lösen sich geladene Teilchen aus dem „unedleren“ Metall und fließen zum „edleren“ Metall, in diesem Fall vom Amalgam zum Gold. Die Amalgamfüllung löst sich langsam, aber sicher auf. Die dabei frei werdenden Quecksilberteilchen werden mit dem Speichel verschluckt und gelangen so in den Organismus. Hier kann das Quecksilber das Nervensystem oder die Abwehrkräfte erheblich stören.

MACHT STÄRKE STARK?

Leider ist Stärke nicht so etwas wie der Zaubertrank der Gallier. Die Stärke, die wir aus der Küche kennen, wird in der Regel aus Kartoffeln gewonnen und kommt meist als Dickungsmittel zum Einsatz. Andere Ausgangsstoffe sind Mais und Weizen. Die bekanntesten Stärken sind Mondamin und Maizena.

Chemisch gesehen ist Stärke ein Zucker und damit ein Kohlenhydrat, dessen Bausteine aus Traubenzuckereinheiten bestehen. Es ist das in der menschlichen Ernährung vorherrschende Kohlenhydrat, das in praktisch jeder Pflanze als Energiespeicher vorhanden ist.

In der Lebensmittelindustrie wird die Stärke den Pflanzen auf chemischem, physikalischem oder enzymatischem Wege entzogen. Sie wird hier hauptsächlich als Bindemittel, Träger- und Füllstoff gebraucht. Sie findet sich in vielen Lebensmitteln, wie Brot, Backwaren, Teigwaren, Getreide- und Kartoffelprodukten. Beim Kochen verwenden wir Stärke, um Saucen anzudicken oder Grützen fest zu bekommen – also schon um sie beziehungsweise ihre Konsistenz im weitesten Sinne zu stärken. Stärke quillt in Flüssigkeiten auf und verkleistert sie gewissermaßen.

Beim Waschen dient sie uns als Mittel, das den Wäschestücken eine bestimmte Steifigkeit verleiht. In der Pharmaindustrie ist Stärke die Grundlage von Salben, Zäpfchen oder Tabletten.

TRENDS

TRENDJOGHURT: UND WIE MACHEN SIE SICH WETTERFEST?

Das fragt Sie Deutschlands bekanntester Wetterfrosch und macht eifrig Reklame für probiotischen Joghurt. Dieser verspricht Ihrem Immunsystem Stärkung, Ihrer Darmflora rege Aktivität und soll obendrein offenbar den Auswirkungen von schlechtem Wetter die rote Karte zeigen.

Angeboten werden heute vor allem Milchprodukte mit pro- oder prebiotischen Kulturen. Probiotische Bakterienkulturen sind spezielle Arten von Milchsäurebakterien, die den Darm schützen und auch in der normalen Darmflora vorkommen. Um überhaupt Wirkung erzielen zu können, müssen sie in großen Mengen im Joghurt vorhanden sein. Die probiotischen Zusätze lassen sich überdies nur schwer von den Verdauungssäften „knacken". Der größte Teil wird einfach wieder ausgeschieden.

Einigen probiotischen Milchprodukten werden nun noch sogenannte Prebiotika hinzugefügt. Das sind besondere Ballaststoffe wie Inulin oder Oligofructose, die das Wachstum oder die Aktivität gesundheitsfördernder Darmkeime unterstützen sollen. Nur wenige positive gesundheitliche Wirkungen der Pro- und Prebiotika gelten als gesichert. Vor allem ist unklar, in welchem Ausmaß die Abwehr gestärkt wird und ob dadurch wirklich Krankheiten verhindert werden können.

Sicher ist jedenfalls, dass sich die probiotischen Keime aus Joghurt und Co. gar nicht dauerhaft in der Darmflora ansiedeln können. Ist diese gesund, ist sie nämlich bereits mit natürlichen Keimen so gut versorgt, dass zusätzliche Probiotika gar keine Chance haben. Sie werden einfach wieder ausgeschieden. Zudem müssten Sie regelmäßig Joghurt – sprich jeden Tag und vor allem langfristig – essen, damit die Probiotika en passant auf dem Durchmarsch im Darm ihre Wirkungen entfalten könnten –

wenn sie denn eine hätten. Achten Sie mal auf die Werbung: Die Betonung liegt immer auf einer Wirkung, die sich erst in ferner Zukunft einstellt – jedenfalls nicht vor Ablauf von zwei Wochen. Ein normaler naturbelassener Biojoghurt bringt Ihnen das Gleiche für weniger Geld. Das konnten Wiener Forscher soeben erneut bestätigen. „Und das Wetter kann Ihnen gestohlen bleiben."

ZIEMLICH FERTIG: CHILLED FOOD

In vielen Haushalten ist das eigenhändige Zubereiten frischer Nahrungsmittel out, der Herd bleibt kalt. Es mehren sich die Haushalte, in denen es gar keinen Herd mehr gibt, sondern nur noch eine Mikrowelle. Manche Menschen wollen nicht die Zeit fürs Kochen aufwenden, etlichen fehlt sie einfach. Nicht wenige erliegen auch den Verlockungen der Lebensmittelindustrie, die eine wachsende Zahl von „Chilled Food" anbietet – mehr oder weniger fertig zubereitetes Essen.

Chilled Food finden Sie im Kühlregal, denn es handelt sich dabei um gekühlte und begrenzt haltbare Frischeprodukte, die keine Konservierungs- oder Aromastoffe enthalten. Sie sind in unterschiedlichen Fertigkeitsstufen erhältlich: fertig zum Zubereiten, fertig zum Garen, fertig zum Erwärmen und fertig zum direkten Verzehr. Sie werden im „Cook & Chill"-Verfahren hergestellt: Das heißt, die Speisen werden auf herkömmliche Weise auf mindestens 70 Grad Kerntemperatur gegart und dann für etwa 90 Minuten schnellgekühlt. Damit sie zu Hause nicht gleich matschig kochen, werden sie nur al dente gegart (zu 90%). Die Haltbarkeit beträgt etwa fünf Tage, bei speziell behandelten Produkten etwa drei Wochen.

Der Anteil der Produkte, die direkt verwendet werden können, beträgt mehr als ein Drittel. Die verzehrfertigen Speisen haben die höchsten Zuwachsraten. Das Chilled Food wird auch in kleinen Portionen angeboten, was der wachsenden Zahl der Singlehaushalte entgegenkommt.

DESIGN FOOD: MUSTER OHNE WERT

Immer mehr Lebensmittel enthalten nachträglich zugesetzte Vitamine, Mineralien, Ballaststoffe, Antioxidantien, bioaktive Eiweißstoffe und einzelne Pflanzenstoffe. Da finden sich mit speziellen Bakterien angereicherte Joghurts, Säfte mit Kalzium, Frühstücksflocken mit Folsäure, Brot mit Omega-3-Fettsäuren oder vitaminierte Süßigkeiten. In der Forschung werden diese Nahrungsmittel Design Food, Functional Food, Nutraceuticals, Medical oder Pharma Food genannt. Ihre Wirkungen sind ebenso umstritten wie ihre Nebenwirkungen. In erster Linie ist das im Lebensmittellabor designte Menschenfutter mit seinen überhöhten Preisen als Frontalangriff auf Ihren Geldbeutel gedacht.

Dafür müssen bei Ihnen zunächst neue Bedürfnisse geweckt werden. Doch: Brauchen Sie diese Lebensmittel? Nicht wirklich. Wer gesund isst und sich ausgewogen mit Nahrungsmitteln aus der heimischen – am besten ökologischen – Erzeugung ernährt, dem fehlt nichts, was er sich für teures Geld zusätzlich kaufen müsste. Allerdings: Wenn Sie vorwiegend verarmte Industriekost essen, können Sie unter Umständen durchaus Nahrungsergänzung vertragen. Denn dann ist zwar Ihr Teller voll und Ihr Magen auch, doch es fehlen Ihnen lebenswichtige Stoffe. Als „Ausgleich" nehmen Sie dafür viele künstliche Zusatzstoffe zu sich, die Sie wirklich nicht brauchen, die Ihnen sogar möglicherweise schaden. Bedenken Sie immer, dass Design Food im Chemielabor der Versuchsküchen erst einmal aus auseinandergebastelten und neu zusammengesetzten, oft minderwertigen Zutaten besteht, denen hinterher wieder alles mögliche künstliche Zeug zugesetzt werden muss, damit Sie es überhaupt essen mögen.

ENERGIEDRINKS VERLEIHEN FLÜGEL – ALLERDINGS AUS BLEI

Nach dem Genuss von angeblich Kraft spendenden Energie-Getränken sollten Sie sich nicht unbedingt ans Steuer Ihres Autos setzen. Wissenschaftler testeten die Leistungsfähigkeit nach solchen Drinks in einem Fahrsimulator. Ergebnis: Die Getränke putschen zwar kurzfristig auf, doch nur, um dann den Blutzuckerspiegel nach unten zu jagen. Dadurch werden Sie schläfrig und sehnen sich nach einem Nickerchen.

Energy- oder Sportlerdrinks sind ohnehin für Otto Normalverbraucher und Ottilie Normalverbraucherin überflüssig und ziehen Ihnen nur das Geld aus der Tasche. Spezielle Sportlernahrung – etwa Eiweißpräparate oder -konzentrate – bedienen den Traum, ohne Mühen zu einem muskelbepackten Körper zu kommen. Leider, leider: Echte Muskelmasse wird ausschließlich durch regelmäßiges Training aufgebaut. Auch die viel beworbenen Sportlergetränke bringen Ihnen vor allem unerwünschte Zusätze wie Süßstoffe, Aromen oder Koffein. Süße Getränke – egal ob mit Zucker oder Süßstoff – mindern Ihre Leistungsfähigkeit, weil sie Ihren Blutzuckerspiegel durcheinander bringen. Alles in allem: Eine nutzlose Belastung Ihres Geldbeutels. Trinken Sie lieber Mineralwasser, Leitungswasser, Apfelsaftschorle oder Kaffee. Auch Espresso tut gut und macht Sie munter.

STRAHLENDE GESCHÄFTE

Seit einiger Zeit dürfen in Deutschland Lebensmittel verkauft werden, die zur Konservierung bestrahlt wurden. Das löst bei vielen Angst aus. Doch das Verfahren selbst birgt auch nach Einschätzung der Weltgesundheitsorganisation WHO wenig Risiken. Aber: Es lohnt sich nur selten. Außer bei Gewürzen, denn diese haben oft lange und wenig hygienische Transportwege hinter sich. Folglich sind sie häufig von Schädlingen, Pilzen und Bakterien befallen. Diese überleben die Bestrahlung nicht. So wird das Lebensmittel nicht nur länger haltbar, sondern auch appetitlicher, hygienischer und gesundheitlich besser verträglich.

Die Bestrahlung von Lebensmitteln stößt schnell an ihre Grenzen. Denn gegen die Verderbnisprozesse sind hohe Strahlenmengen notwendig. Und die wirken sich oft negativ auf Geruch und Geschmack der Speisen aus. Bestrahltes Rindfleisch schmeckt beispielsweise wie „nasser Hund". Da höchstens ein Prozent aller Lebensmittel überhaupt für dieses Verfahren infrage kommt, werden bestrahlte Lebensmittel in Zukunft sehr wahrscheinlich mengenmäßig keine große Bedeutung bei uns haben.

In den EU-Richtlinien ist festgelegt, dass künftig jegliche Bestrahlung eines Lebensmittels oder die Verwendung einer bestrahlten Zutat – unabhängig vom Anteil dieser Zutat – eindeutig gekennzeichnet werden muss. Auf Deutsch muss es heißen „bestrahlt" oder „mit ionisierenden Strahlen behandelt". Verpackte Lebensmittel müssen den Hinweis auf dem Etikett tragen. Ist nur eine Zutat bestrahlt worden, dann muss dies entsprechend gekennzeichnet sein. Bei lose verkauften Erzeugnissen steht der Hinweis zusammen mit der Bezeichnung auf einem Anschlag oder einem Schild über oder neben dem Behältnis, in dem sich das betreffende Lebensmittel befindet.

WIRD WIRKLICH ALLES IMMER SCHLECHTER?

„Durch die moderne Landwirtschaft geht der Nährstoffreichtum der Ackerböden und damit auch unserer Lebensmittel verloren. Obst und Gemüse sind, was ihre Inhaltsstoffe angeht, infolgedessen arm dran." Diese pessimistische Einstellung hört man heute recht häufig. Sie stammt zumeist von notorischen Umweltnörglern und ist – so Stiftung Warentest – „schlicht und ergreifend Humbug". Noch nie wurden so viele verschiedene und qualitativ hochwertige Nahrungsmittel angeboten, noch nie hatte der Verbraucher eine so große Auswahl, aus der er sich eine bunte und gesunde Mischung zusammenstellen konnte. Noch nie konnte er das ganze Jahr über Obst und Gemüse einkaufen.

Entscheidend für die Qualität von landwirtschaftlichen Erzeugnissen sind die Sorte, der Standort und der Zeitpunkt der Ernte. Hier nehmen Sie Einfluss, indem Sie regionales Obst und Gemüse der Saison kaufen und dabei biologisch angebaute Ware bevorzugen. Was bei der Qualität negativ zu Buche schlägt, sind vor allem eine zu frühe Ernte, zu lange Transportzeiten sowie lange und falsche Lagerung. Auch ein hoher Verarbeitungsgrad wirkt sich mindernd aus – je mehr ein Nahrungsmittel industriell verarbeitet wird, umso weniger wertvoll ist es am Ende. Stutzig machen sollte es Sie übrigens auch, dass die negative Aussage: Aller wird immer schlechter“ zumeist einher geht mit der Empfehlung, der drohenden Mangelversorgung durch die Einnahme von Nahrungsergänzungsmitteln wie Vitamin- und Mineralstoffpillen vorzubeugen. Da hat wohl jemand was davon – Sie dürfen raten, wer ...

Essen ist ein Bedürfnis, genießen ist eine Kunst.

Francois de La Rochefoucauld

KOCHTRENDS: ÜBER GESCHMACK LÄSST SICH TREFFLICH STREITEN

Zugegeben: Die Kreationen mancher Köche sind recht ungewöhnlich, manche gewöhnungsbedürftig, andere wichtigtuerisch oder überzogen. Viele sind überflüssig. Andere wiederum scheitern an unseren eigenen Vorurteilen und Bequemlichkeiten. Doch wie unterscheidet man das eine vom anderen? Dazu bedarf es eines gesunden Menschenverstandes und einer gewissen Übung beziehungsweise Erfahrung. Unerlässlich ist: Abenteuerlust. Denn Genussfähigkeit und Geschmackssicherheit entspringen nicht aus Verbissenheit und Verzicht. Und Geschmack ist bekanntlich Geschmackssache.

Geschmack zu haben bedeutet, dass man etwas erkennen, das Gute vom Schlechten trennen, das Schöne vom Hässlichen unterscheiden kann. Ähnlich – wenn auch auf völlig anderer Ebene – sah es Einstein. Eine Formel, die für ihn nicht schön aussah, konnte nicht stimmig sein. Umgekehrt: Eine Formel, die nicht stimmt, sieht auch nicht rund aus.

Feinschmecker monieren, Geschmack zu haben gilt heute vielen als dekadent. Denn wer Geschmack hat, unterscheidet sich ja von jenen, die keinen haben. Nur vor dem Hintergrund der anderen ist es interessant, Geschmack zu haben und zu zeigen. Geschmack beweist sich an der Lust am Andersartigen und überprüft damit immer wieder auch sich selbst. Dinge dürfen und sollen Sie verführen und fesseln, selbst wenn sie nicht in Ihr Konzept oder Ihr Weltbild passen.

Wirklich kreative Köche wollen Sie in eine andere Welt entführen, auch wenn Sie sich zu Hause wohlfühlen. Alles gehört immer mal wieder auf die Probe gestellt, damit wir es uns nicht allzu lange in Stereotypen und engen Weltbildern gemütlich machen. Das bewahrt uns davor, echte Spießer zu werden. Und erst wenn wir mal probiert haben: Dann ab mit den Guten ins Töpfchen, den Schlechten ins Kröpfchen ...

KÖNNEN MOLEKÜLE SINNLICH SEIN?

Aber ja, natürlich können sie das! Denn letztlich ist alles Chemie. Selbst wenn Sie verliebt oder anderweitig in Hochstimmung sind, lässt sich das – rein wissenschaftlich betrachtet – als biochemische Reaktion beschreiben. Eine Kaskade von Botenstoffen vernetzt sich zusammen zu dem, was Sie fühlen. Auch Kochen ist reine Chemie – egal ob Sie nun traditionell kochen oder ein Fan der Molekularküche sind, die derzeit im Trend liegt.

Wenn Sie in Ihrer Küche stehen und kochen, verändern Sie durch die verschiedenen Verarbeitungsprozesse und Garmethoden die chemische Struktur Ihrer Lebensmittel. Es finden auf der molekularen Ebene chemische und physikalische Reaktionen statt. Moleküle sind die kleinsten Einheiten einer chemischen Verbindung, in denen sich Atome miteinander verbunden haben. Der französische Wissenschaftler und begeisterte Koch Hervè This-Benckhard glaubt, dass Sie umso besser kochen können, je mehr Sie verstehen, was beim Kochen geschieht.

Ein einfaches Beispiel dafür ist das Kochen eines Eies. Natürlich wissen Sie aus Erfahrung, wie und wie lange Sie ein Ei kochen müssen, um es in den gewünschten Zustand für Ihr ausgiebiges Sonntagsfrühstück zu bekommen. Wenn nicht, können Sie dies in einem Kochbuch nachlesen. Doch dann wissen Sie noch lange nicht, warum das Eiklar fest wird, während das Eigelb im Inneren des Eies noch eine ganze Weile lang flüssig bleibt. Wenn Sie dies wissen, können Sie sich im Zweifelsfall selbst ausrechnen, wie lange Sie Ihre Eier kochen wollen. Je mehr Sie wissen, umso freier können Sie kochen. Desto besser können Sie aber auch beurteilen, was man Ihnen so vorsetzt.

SCHÄUMCHEN-FIEBER

Manche nennen sie genial, andere sehen in ihr Teufelswerk: die Molekular-Küche des Spaniers Ferran Adrià. In seinem Restaurant „elBulli" an der Costa Brava werden abenteuerliche Kreationen kredenzt – etwa Gerichte wie Venusmuschelschaum mit Wursteis, Spaghetti-Schaum mit flüssigem Parmesan oder Salatschaum mit Speckgelee. Serviert werden die Schäumchen – auf spanisch Espuma – gern schon mal im Reagenzglas oder in der Krankenhausspritze. In der Küche muss es ohnehin aussehen wie im Chemielabor eines Krankenhauses. Denn die Köche arbeiten mit Spritzen, Pipetten, Zentrifugen und Stickstoff. Mit ihnen bauen sie die „Texturen" der Lebensmittel um. Alle Zutaten werden in ihre molekularen Einzelteile zerlegt und zu neuen Kunstwerken zusammengefügt. In Großbritannien schöpft Heston Blumenthal neue Schaum-Kreationen, in Frankreich ist es Marc Veyrat und in Deutschland wäre Juan Amador aus Langen zu nennen.

LEIDVOLLE LIGHT-GENÜSSE

Das Wort „light“ für leicht soll Ihnen suggerieren: weniger Kalorien, weniger Fett, weniger dies, weniger das, und vor allem weniger Speck auf den Rippen. Versprechen Sie sich von Light-Produkten nicht das Falsche: Sie machen Sie am Ende nämlich eher dicker als dünner. Diese Produkte erleichtern höchstens Ihren Geldbeutel und nur kurzfristig Ihr Gewissen. Ob Wurst, Käse, Joghurt, Kartoffelchips oder Margarine – inzwischen gibt es fast alle Lebensmittel auch in fett- und kalorienarmer Variante. Doch leider nützen sie Ihnen beim Abnehmen nichts, denn Ihr Körper lässt sich nicht täuschen. Er verführt Sie einfach dazu, mehr davon zu essen oder sich die fehlenden Kalorien anderweitig zu beschaffen, sodass Sie am Ende sogar noch zunehmen, wenn Sie Light-Produkte essen.

Light-Produkte fördern außerdem ein falsches Essverhalten. Statt die Ernährung bewusst und langfristig umzustellen, wird allzu schnell noch eine zusätzliche „leichte“ Scheibe Wurst oder Käse auf das Brot gelegt. Darüber hinaus enthalten viele als besonders fettarm beworbene Milchprodukte, wie etwa Joghurt, große Mengen Zucker und andere eher unappetitliche Dinge. Denn Sie müssen sich Folgendes vor Augen halten: Um ein Light-Produkt herzustellen, bedarf es größerer lebensmitteltechnologischer „Umbaumaßnahmen“ der normalen Nahrungsmittel. Light-Produkte sind immer Kunstprodukte, die stark bearbeitet sind. Auch die Verwendung von Zusatzstoffen in Form von Süßstoffen, Aromastoffen, Stabilisatoren und Geschmacksverstärkern können ein gesundes Essverhalten negativ beeinflussen und Ihrer Gesundheit schaden. Versuchen Sie lieber, Ihre Ernährung umzustellen und bei der Bewegung zuzulegen, wenn Sie etwas abspecken wollen.

SAUERSTOFFBARS: HEISSE LUFT ZU HÖCHSTPREISEN

Gestresste Menschen gönnen sich in Szenebars eine frische Brise. Was bis vor ein paar Jahren nur Patienten auf Intensivstationen vergönnt war, macht heute unter Prominenten Furore. Eine halbe Stunde 94-prozentigen Sauerstoff durch eine Atemmaske bringt verbrauchte Energie sofort zurück und muss mit 14 bis 35 Euro für den Luftstoß bezahlt werden. Von besserem Sex bis zu gesünderem Zahnfleisch – für alles dies soll die Extraportion Sauerstoff gut sein. Der letzte Schrei sind mit Sauerstoff angereicherte Mineralwässer. In ihnen steckt im Schnitt 15- bis 25-mal mehr O_2 – wie der Sauerstoff chemisch heißt – als in normalen Trinkwasser. Das entspricht in etwa fünf Atemzügen.

Das mit Sauerstoff angereicherte Wasser soll laut Werbebotschaft Lebensfeude, raschere Erholung und mehr Energie schenken. Mediziner allerdings zweifeln ernsthaft. Der Organismus sei mit etwa 21 Prozent Sauerstoffgehalt in der Luft von Natur aus bestens versorgt. Anderenfalls würden wir ja auch gar nicht überleben können. Reinen Sauerstoff einzuatmen ist sinnlos, sagen sie. Denn mehr als der Farbstoff in den roten Blutkörperchen an Sauerstoff binden kann wird ohnehin nicht aufgenommen. Den Rest verpusten Sie wieder in die Umwelt. Nur wenn der Kreislauf so schwach ist, dass das Blut zu wenig Sauerstoff aufnimmt, macht die Aufnahme von reinem Sauerstoff Sinn. Doch das geht am besten, wenn Sie gleichzeitig körperlich aktiv werden: Allein durch Bewegung verbessert sich die Speichermöglichkeit der Zellen – und damit die Leistungsfähigkeit. Am preiswertesten und effektivsten ist regelmäßiges Spazierengehen an der frischen Luft. Der Intelligenzforscher Siegfried Lehr hat noch einen anderen Tipp parat: Ständiges Kauen versorgt das Gehirn mit mehr Sauerstoff. Deshalb schenke das Kaugummi zwischendurch dem Gehirn pure O_2-Energie.

SLOW, BUT BETTER

Die Ritter von der langsamen Tafelrunde haben sich zu ernst zu nehmenden Bewahrern bedrohter Genüsse gemausert. Die Organisation Slow Food tagt regional in Convivien – Tafelrunden – und versteht sich als Retter des guten Geschmacks, bedrohter Speisen. Pflanzen und Tierarten. Zu diesem Zweck veranstaltet sie Geschmacks-Messen wie den Turiner „Salone del Gusto", behütet alte Sämereien, Tierarten und Rezepte vor dem Aussterben und versucht den Handel mit bedrohten Produkten zu fördern. Slow Food wurde 1983 im Piemont von Carlo Petrini gegründet, wo es inzwischen auch einen Universitätsstudiengang in Sachen Geschmack gibt.

Worte! Worte! Keine Taten,
immer Geist und keinen Braten!

Heinrich Heine

TV-KOCHSHOWS – UND DIE KÜCHE BLEIBT KALT

Auf allen Kanälen, zu jeder Tages- und Nachtzeit, von bodenständig bis flippig – ohne Kochshows geht es nicht mehr. Was eigentlich zum Nachkochen animieren soll, treibt aber oft ganz andere Blüten: Je mehr in der Fernsehwelt gekocht wird, desto öfter bleibt in der realen Welt die Küche kalt. Der Hang zum Nachkochen ist nicht sehr ausgeprägt. Gucken ersetzt Kochen. Das bedient die Sehnsucht nach einer heileren Welt, als die, in der die meisten Zuschauer leben. Es kompensiert die einstmals gemeinsame Familienspeisung. Für die TV-Speisung müssen Sie sich nicht erst ordentlich anziehen, aufrecht an den Tisch setzen, sich dort zu benehmen wissen und sich Zeit fürs Essen und füreinander nehmen. Denn Essen kann man heute doch genauso zwischendurch und gut im Stehen erledigen. Täglich frisch und selbst zu kochen: Vorsintflutlich, weil viel zu umständlich. Das Auge isst ja schon im TV mit – den Magen füllt das Fast Food.

LOW CARB – DIÄT-QUATSCH MADE IN USA

Nach der Anti-Fett-Welle feiert die „low carb"-Welle fröhliche Urständ: Wer abnehmen will, soll auf Kohlenhydrate verzichten. Dabei werden gleich alle Kohlenhydrate mit dem Bade ausgeschüttet und als gleich schlecht bewertet. Ob Ihr Körper aus Kohlenhydraten Fett bildet oder nicht, hängt jedoch von mehreren Faktoren ab – unter anderem davon, welche Art von Kohlenhydraten Sie essen. Zum Beispiel muss die Nahrung dafür extrem fettreich und gleichzeitig extrem kohlenhydratreich sein. Die Umwandlung zu Speckröllchen setzt erst ein, wenn dem Organismus so viele Kohlenhydrate zugeführt werden, dass er sie nicht mehr verbrennen kann. Das ist erst bei etwa 500 Gramm Kohlenhydrate am Tag der Fall – dass entspricht einer Menge von drei Kilo gekochten Kartoffeln, 40 Äpfeln oder einem Roggenmischbrot, das über ein Kilogramm schwer ist. Wer isst das schon?

Außerdem gehen bei der Umwandlung von Kohlenhydraten in Körperfett etwa ein Viertel der Kalorien für die Umwandlung verloren. Nahrungsfett hingegen kann quasi eins zu eins in Speckröllchen umgewandelt werden.

Wie auch immer der neueste Ernährungstrend lautet: Dick werden Sie von zu viel Kalorien – ganz egal, aus welchem Energieträger sie stammen. Sicher ist, dass es wesentlich schwerer ist, durch zu viel Kohlenhydrate zuzunehmen als durch zu viel Fett. Verzichten Sie auf einfache Kohlenhydrate, die Ihnen gesundheitlich nichts bringen, wie Weißmehlprodukte, Süßigkeiten, geschälten Reis oder Weizenbrot. Diese verarbeiteten Kohlenhydrate lassen Ihren Blutzuckerspiegel rasch ansteigen, sodass zu viel Insulin ausgeschüttet wird. Der Insulinüberschuss löst im Körper einen Mechanismus aus, der letztlich zu Übergewicht führt. Vollkornbrot, Müsli, gekochte Getreidekörner und Hülsenfrüchte lassen den Blutzuckerspiegel nur langsam ansteigen.

AB INS REICH DER FABELN: FETTE, DIE SCHLANK MACHEN

Schon der alleinige Verzehr der sogenannten MCT-Fetten soll Ihre Pfunde zum Schmelzen bringen. Das ist zu schön, um wahr zu sein! Hinter dem Kürzel MCT verbirgt sich der englische Begriff „medium-chain triglyzerides“ (mittelkettige Fettsäuren). Sie werden in speziellen Verfahren aus Kokosfett und Palmkernöl gewonnen und haben weniger Kalorien als herkömmliche Fette (6 statt 9,3 Kalorien pro Gramm). Bei schweren entzündlichen Erkrankungen des Verdauungsapparates wie Morbus Crohn oder Colitis ulcerosa ist ihr Einsatz sinnvoll, weil sie besser vertragen werden. Für diesen Zweck gibt es spezielle Diät-Lebensmittel wie Margarine, Schmelzkäse oder Brotaufstriche.

Darüber hinaus wird versucht, MCT-Fette an Diätwillige zu verscherbeln. Sie sollen angeblich den Stoffwechsel ankurbeln und dafür sorgen, dass mehr Kalorien verbraucht werden. Außerdem – so die Werbung – würden diese Fette nicht im Körper gespeichert. Zwar wird zunächst wirklich etwas mehr Energie verbraucht, nach zwei Wochen, wenn sich der Körper an die MTC gewöhnt hat, lässt sich davon jedoch schon nichts mehr nachweisen. Alle Fette und Kalorien, die Sie über Ihren Bedarf hinaus essen und nicht durch Bewegung und Aktivität verbrauchen, lagert Ihr Körper als Speckpolster ab. MCT-Fette werden im Körper zu langkettigen Fettsäuren umgebaut, weswegen sie im Körperfett nicht mehr nachzuweisen sind. Das gilt als Ursache für den Schlankheits-Trugschluss.

Wenn der Körper an diese geschmacklich unangenehmen bitteren Fette nicht gewöhnt ist, reagiert er mit Übelkeit, Bauchweh und Blähungen. Der bittere Eigengeschmack verstärkt sich beim Aufwärmen. Lebenswichtige Fettsäuren suchen Sie ebenfalls vergebens – wie die Linolsäure oder Omega-3-Fettsäuren. Deswegen wird einigen MCT-Fetten hochwertigeres Öl beigemischt, was sich dann wiederum im Kaloriengehalt niederschlägt.

SERVICE

QUELLENVERZEICHNIS UND LITERATURTIPPS

Ashton, John & Suzy: **Schokolade ist gesund!** Scherz Verlag, Bern.

Barham, Peter: **Die letzten Geheimnisse der Kochkunst.** Springer Verlag, Berlin 2001.

Baur, Eva Gesine; Klink, Vincent: **Dies für den und das für jenen: Essen und Trinken mit Poesie.** Deutscher Taschenbuch Verlag, München 2000.

Benecke, Mark: **Lachende Wissenschaft.** Bastei Lübbe, Bergisch Gladbach 2005.

Bertschi, Hannes; Reckewitz, Markus: **Von Absinth bis Zabaione.** Argon Verlag, Berlin 2002.

Brater, Jürgen: **Lexikon der rätselhaften Körpervorgänge.** Eichborn Verlag, Frankfurt 2002.

Brian, Marcus: **Essen auf Rezept.** S. Hirzel Verlag, Stuttgart 2000

Brillat-Savarin, Jean-Anthèlme: **Physiologie des Geschmacks.** Insel Verlag, Frankfurt 1979.

Bruckert, Ingeborg: **Food for the Mood – Essen Sie sich glücklich.** Mosaik Verlag München.

Dalichow, Irene: **Die Gewürzapotheke.** Wilhelm Goldmann Verlag, München 2006.

Dalla Via, Gudrun; Enza Betelli: **Food for Fun, iss dich glücklich.** VGS Köln.

Dollase, Jürgen: **Geschmacksschule.** Tre Torri Verlag, Wiesbaden 2005.

Dollase, Jürgen: **Kulinarische Intelligenz.** Tre Torri Verlag, Wiesbaden 2006.

Enrich, Hinderk; Schneider, Udo; Zedler, Markus: **Welche Farbe hat der Montag?** Hirzel Verlag.

Fischer, Len: **Reise zum Mittelpunkt des Frühstückseis.** Bastei Lübbe, Bergisch Gladbach 2003.

Gerlach, Hans: **Kochen fast ohne Rezept.** Wilhelm Goldmann Verlag, München 2006.

Grimm, Hans-Ulrich: **Die Ernährungslüge.** Dromer Verlag. München 2003.
Grimm, Hans-Ulrich: **Die Suppe lügt.** Knaur Verlag, München 1999.
Gutknecht, Christoph: **Pustekuchen. Lauter kulinarische Wortgeschichten.** Beck'sche Reihe, München 2002.
Hauer, Thomas (Hrsg.): **Das Geheimnis des Geschmacks.** Anabas Verlag, Frankfurt 2005.
Haxter, Markus: **50 einfache Dinge, die Sie über gutes Essen wissen sollten.** Westend Verlag, Frankfurt 2006.
Hirschfelder, Gunter: **Europäische Esskultur.** Campus Verlag, Frankfurt 2001.
Kämer, Frank: **Kleines Lexikon der Wein-Irrtümer.** Eichborn Verlag, Frankfurt 2006.
Karmesin, Helene: **Die geheime Botschaft unserer Speisen.** Bastei Lübbe, Bergisch Gladbach, 2001.
Kaufmann, Jean-Claude: **Kochende Leidenschaft.** UVK-Verlagsgesellschaft, Konstanz 2006.
Lohmann, Catharina: **Machen Bananen glücklich?** Beck'sche Reihe, München 1999.
Logue, A. W.: **Die Psychologie des Essens und Trinkens.** Spektrum Verlag, Heildeberg 1998.
Müller, Klaus E.: **Nektar und Ambrosia.** Kleine Ethnologie des Essens und Trinken, Verlag C. H. Beck, München 2003.
Pini, Udo: **Das Gourmet Handbuch.** Könemann Verlagsgesellschaft, Köln 2000.
Pollmer, Udo: **Esst endlich normal!** Piper Verlag, München 2005.
Pollmer, Udo; Warmuth, Susanne: **Lexikon der populären Ernährungsirrtümer.** Eichborn Verlag, Frankfurt 2000.
Pollmer, Udo; Hoicke, Cornelia; Grimm, Hans-Ulrich: **Vorsicht Geschmack.** Rowohlt Taschenbuch Verlag, Reinbek 2004.
Schivelbusch, Wolfgang: **Das Paradies, der Geschmack und die Vernunft.** Fischer Verlag, Frankfurt 2005.
Schott, Ben: **Schotts Sammelsurium Essen & Trinken.** Bloomsbury Verlag, Berlin 2005.
Seidel, Wolfgang: **Woher kommt das schwarze Schaf?** Was hinter unseren Wörtern steckt. Deutscher Taschenbuch-Verlag, München 2006.

Schmidt-Leukel, Perry (Hrsg.): **Die Religionen und das Essen.** Heinrich Hugendubel Verlag, Kreuzlingen 2000.
Schneider, Sylvia: **Schlemmerland Schleswig-Holstein.** Signet-Verlag, Flensburg.
This-Benckhard, Hervè: **Das Rätsel der Kochkunst.** Piper Verlag, München 2005.
Uecker, Wolf: **Auf Spargel reimt sich einfach nichts.** Scherz Verlag, Bern 2000.
Uecker, Wolf: **Das Püree in der Kniekehle der Geliebten.** Komet Verlag, Frechen 2000.
Vilgis, Thomas: **Die Molekülküche.** Hirzel Verlag, Stuttgart 2006.
Wagner, Christoph: **Fast schon Food**, Bastei Lübbe, Bergisch Gladbach 2001.
Wolke, Robert L.: **Was Einstein seinem Koch erzählte.** Piper Verlag, München 2003.

Weitere Titel in der Reihe „Populäre Irrtümer" bei KOSMOS

Hoefs, Nicole und Petra Führmann: **Was liest der Hund am Laternenpfahl?** 140 Fragen und Antworten rund um den Hund.
Kremer, Klaus und Bruno P. Richarz: **Was macht der Maikäfer im Juni?** Alltägliches und Rätselhaftes über Tiere und Pflanzen.
Kremer, Klaus und Bruno P. Richarz: **Wer nimmt das Nashorn Huckepack?** Unglaubliche Rekorde von Tieren und Pflanzen.
Lauer, Isabell: **Populäre Irrtümer über Katzen.** Warum die Katzenwäsche für die Katz' ist und uns mit Kater der Morgen graut.
Weiershausen, Anja: **Populäre Irrtümer über Hunde.** Von kalten Schnauzen, bunten Hunden und des Pudels Kern.
Wettervogel, Ben und Renate Molitor: **Können Wetterfrösche irren?** 120 Populäre Irrtümer über das Wetter.

REGISTER

Aalsuppe 73
Abhängen 33
Abschrecken, Ei 116
Absinth 109
Alkohol 96
Alkoholiker 112
Alliin 48, 51
Alter Fritz 56
Alufolie 138
Ambrosia 87
Ananas 44
Apfel 41, 43
Apfelapotheke 41
Apfelessig 46
Aphrodisiaka 127
Arme Ritter 87
Aromen, künstliche 129
Arzneimittel 42
Aspartam 93
Aspik 37
Augen 133

Backerbsen 119
Bäckerofen 9
Backpulver 13
Baeckaoffa 10
Baiser 89
Banane 40, 128
Béchamel 22, 117
Beize 30
Berlin 9, 11, 20, 28
Bestrahlung 143
Bier 103
Bismarck-Hering 74
Blähungen 55
Blaue Zipfel 11
Blindbacken 119
Blutzuckerspiegel 124, 151
Bockwurst 28
Bohnen 55
Botenstoffe 124
Bratkartoffeln 21
Brezen 21
Brillat-Savarin, Jean-Anthèlme
Brokkoli 52, 128
Bromelain 44
Brot 18, 120
Brühwurst 34
Bubenspitzle 11
Bulette 28
Busch, Wilhelm 96
Butter 67

Cappuccino 65
Champagner 94
Chili 80
Chilled Food 141
Chinin 112
Cholecystokinin 124
Cholesterin 39, 48, 67
Chop suey 88
Cumarin 85
Curry 79
Currywurst 20, 28

Dampfgaren 114
Darmflora 140
Design Food 142
Dopamin 125, 128
Doping 40

Eckernförde 19
Edelstahl 122
Ei 60, 116
Eintopf 12
Eisbein 28
Eischnee 66
Eisen 58
Elsass 9, 54
Emulsion 67
Energydrink 143
Erbsen 55
Erhardt, Heinz 60
Essig 46
Essigsäure 47
Essverhalten 147

Fallersleben, Hoffmann von 25
Falscher Hase 28
Feldkieker 23
Fett 67, 151
Fisch 72
Flasche 107
Fleisch 31
Fleischeslust 37
Fleischkäse 28
Fleischlose Kost 38
Fleur de sel 84
Flüssigkeit 105
Fontane, Theodor 33
Frischetest 61

Gaisburger Marsch 13

Garagenwein 95
Geschmack 123, 145
Ghrelin 124
Glück 125
Glückskeks 88
Glücksstoffe 128
Glutamat 80
Goethe, Johann Wolfgang von 101
Götterspeise 87
Grapefruit 42
Grillen 118
Grönemeyer, Herbert 20

Hackepeter 28
Hefe 122
Hefeteig 121
Heine, Heinrich 100, 149
Heißhunger 123
Hering 19, 74
Heuss, Theodor 98
Hirsebrei 64
Honig 64
Hopfen 104
Hormone 124
Hühnerbrühe 27
Hülsenfrüchte 55, 58, 128
Hummer 75
Humor 112
Hunger 123, 134

Insulin 124
IQ 96

Jägermeister 109
Joghurt 140
Johnson, Hugh 96

Kaffee 105
Karies 70
Karpfen 72
Kartoffel 21, 56, 128
Käse 28, 69, 137
Kasseler 11, 28
Keks 88
Kieler Sprotten 19
Knoblauch 47
Knochen 37
Kochshow 150
Kochtrends 145
Kochwurst 34
Kohldampf 134
Kohlenhydrate 150
Kolumbus 60
Konservierung 143
Krapfen 9
Kräuterlikör 108
Krebs 37, 48
Kristallsalz 83
Küche 26
Künstliche Aromen 129

Lamm 29
Landjäger 23
Leberkäse 28
Leptin 124
Lichtenberg, Georg Christof 126
Liebstöckel 14
Light-Produkte 147
Likör 108
Linsen 55
Löcher im Käse 71
Low Carb 150

Maggi 14
Malaria 112
Malz 104
Margarine 67
Marinade 36
Matjes 75
Maulbronn, Kloster 18
Maultaschen 18
Mayonnaise 68
MCT-Fette 151
Meersalz 84
Mehl 22, 117
Mehlschwitze 117
Meringe 89
Miesmuscheln 76
Migräne 137
Mikrowelle 115
Milch 64
Milchmädchenrechnung 65
Milchschaum 65
Mirkowelle 52
Moleküle 146
Mozzarella 69
Muckefuck 105
Mundgeruch 131
Mürbeteig 119
Muscheln 76

N-Acetylcystein 27
Nadelprobe 121
Nase 130
Nassau 15

Nektar 87
Nitrat 54
Nitrit 54
Nitrosamine 54
Nudeln 128

Oetker, Dr. August 13
Osterei 62
Osterlamm 29
Ostern 29, 62
Oxalsäure 44
Oxidation 44

Papaya 44
Pasteur, Louis 96, 102
Pawlosches Experiment 129
Pérignon, Dom Pier 94
Pflanzenstoffe, sekundäre 41
Pichelsteiner Eintopf 13
Pini, Udo 22
Pinkel 16
Portionsgröße 133
Probiotika 140
Pumpernickel 18
Pute 32

Reifungsprozess 33
Rhabarber 44
Ritter, Arme 87
Rochefoucauld, Francois de La 145
Rohkost 57
Rumford, Benjamin Thompson Graf von 12

Saarland 14
Safran 78
Salz 81
Sashimi 74
Sauerkraut 53
Sauerstoff 102, 148
Sauerteig 120
Saumagen 17
Schärfe 81
Schaumwein 95
Schlaf 134
Schlampampen 24
Schlaraffen 24
Schlaraffenland 25
Schmarotzer 15
Schmecken 131
Schnapszahl 111
Schnupfen 130
Schokolade 91
Schweppes 1112
Seife 122
Sekundäre Pflanzenstoffe 41
Serotonin 40, 64, 91, 125
Shakespeare, William 96
Silberlöffel 61
Sinnesvernetzung 136
Slow Fodd 149
Solanin 57
Spanischer Wind 89
Spargel 52
Spiegelei 116
Spinat 54, 58
Sportlerdrink 143
Sprotten, Kieler 19
St. Urban 99
Stärke 138
Steinobst 46
Steinsalz 84
Storch 15
Straßburg 53
Streichfett 67
Stubenküken 17
Sushi 73
Süßstoff 93
Synästhesie 136

Teufels Küche 26
Thujon 110
Trinken 106
Typtophan 92
Überkochen 64
Umami 123

Vegetarier 37
Verdauungsschlaf 135
Verdauungsspaziergang 135

Wasser 67, 100
Wein 70, 95
Weißwurst 35
Wild 30
Wind, Spanischer 89
Winzer 97
Worcestersauce 14
Wurst 11, 23, 34

Zimt 85
Zucker 90
Zwiebel 50

Impressum

Umschlag von eStudio Calamar unter Verwendung einer Farbzeichnung von Susanne Straßer.

Bibliografische Information der Deutschen Nationalbibliothek
Die Deutsche Nationalbibliothek verzeichnet diese Publikation in der Deutschen Nationalbibliografie; detaillierte bibliografische Daten sind im Internet über http://dnb.ddb.de abrufbar.

Gedruckt auf chlorfrei gebleichtem Papier

ISBN 978-3-440-11041-6
Redaktion: Claudia Salata
Layout: solutioncube GmbH
Produktion: Eva Schmidt
Printed in The Czech Republic / Imprimé en République Tchèque